book2

Deutsch – Polnisch
für Anfänger

Ein Buch in 2 Sprachen

www.book2.de

GOETHE
VERLAG

IMPRESSUM

Johannes Schumann:
book2 Deutsch - Polnisch
EAN-13 (ISBN-13): 978-3-938141-29-8

Goethe-Verlag GmbH
Postfach 152008
80051 München
Germany

Fax +49-89-74790012
www.book2.de
www.goethe-verlag.com

Inhaltsverzeichnis

Personen	4	Am Flughafen	38	*brauchen – wollen*	72
Familie	5	Öffentlicher Nahverkehr	39	etwas *mögen*	73
Kennen lernen	6	Unterwegs	40	etwas *wollen*	74
In der Schule	7	Im Taxi	41	etwas *müssen*	75
Länder und Sprachen	8	Autopanne	42	etwas *dürfen*	76
Lesen und schreiben	9	Nach dem Weg fragen	43	um etwas *bitten*	77
Zahlen	10	Orientierung	44	etwas *begründen* 1	78
Uhrzeiten	11	Stadtbesichtigung	45	etwas *begründen* 2	79
Wochentage	12	Im Zoo	46	etwas *begründen* 3	80
Gestern – heute – morgen	13	Abends ausgehen	47	Adjektive 1	81
Monate	14	Im Kino	48	Adjektive 2	82
Getränke	15	In der Diskothek	49	Adjektive 3	83
Tätigkeiten	16	Reisevorbereitungen	50	Vergangenheit 1	84
Farben	17	Urlaubsaktivitäten	51	Vergangenheit 2	85
Früchte und Lebensmittel	18	Sport	52	Vergangenheit 3	86
Jahreszeiten und Wetter	19	Im Schwimmbad	53	Vergangenheit 4	87
Im Haus	20	Besorgungen machen	54	Fragen – Vergangenheit 1	88
Hausputz	21	Im Kaufhaus	55	Fragen – Vergangenheit 2	89
In der Küche	22	Geschäfte	56	Vergangenheit der Modalverben 1	90
Small Talk 1	23	Einkaufen	57	Vergangenheit der Modalverben 2	91
Small Talk 2	24	Arbeiten	58	Imperativ 1	92
Small Talk 3	25	Gefühle	59	Imperativ 2	93
Fremdsprachen lernen	26	Beim Arzt	60	Nebensätze mit *dass* 1	94
Verabredung	27	Körperteile	61	Nebensätze mit *dass* 2	95
In der Stadt	28	Im Postamt	62	Nebensätze mit *ob*	96
In der Natur	29	In der Bank	63	Konjunktionen 1	97
Im Hotel – Ankunft	30	Ordinalzahlen	64	Konjunktionen 2	98
Im Hotel – Beschwerden	31	Fragen stellen 1	65	Konjunktionen 3	99
Im Restaurant 1	32	Fragen stellen 2	66	Konjunktionen 4	100
Im Restaurant 2	33	Verneinung 1	67	Doppelte Konjunktionen	101
Im Restaurant 3	34	Verneinung 2	68	Genitiv	102
Im Restaurant 4	35	Possessivpronomen 1	69	Adverbien	103
Im Bahnhof	36	Possessivpronomen 2	70		
Im Zug	37	*groß – klein*	71		

Personen

Osoby

ich	ja
ich und du	ja i ty
wir beide	my obaj/ obie/ oboje
er	on
er und sie	on i ona
sie beide	oni oboje
der Mann	mężczyzna
die Frau	kobieta
das Kind	dziecko
eine Familie	rodzina
meine Familie	moja rodzina
Meine Familie ist hier.	Moja rodzina jest tutaj.
Ich bin hier.	(Ja) Jestem tutaj.
Du bist hier.	Ty jesteś tutaj.
Er ist hier und sie ist hier.	On jest tutaj i ona jest tutaj.
Wir sind hier.	(My) Jesteśmy tutaj.
Ihr seid hier.	Wy jesteście tutaj.
Sie sind alle hier.	Oni wszyscy są tutaj.

Familie

Rodzina

der Großvater	dziadek
die Großmutter	babcia
er und sie	on i ona
der Vater	ojciec
die Mutter	matka
er und sie	on i ona
der Sohn	syn
die Tochter	córka
er und sie	on i ona
der Bruder	brat
die Schwester	siostra
er und sie	on i ona
der Onkel	wujek
die Tante	ciotka
er und sie	on i ona

Wir sind eine Familie.

Die Familie ist nicht klein.

Die Familie ist groß.

Jesteśmy rodziną.

Ta rodzina nie jest mała.

Ta rodzina jest duża.

Kennen lernen

Poznawać

Hallo!	Cześć!
Guten Tag!	Dzień dobry!
Wie geht's?	Co słychać?/ Jak leci?
Kommen Sie aus Europa?	Pochodzi pan/ pani z Europy?/ Pochodzą państwo z Europy?
Kommen Sie aus Amerika?	Pochodzi pan/ pani z Ameryki?/ Pochodzą państwo z Ameryki?
Kommen Sie aus Asien?	Pochodzi pan/ pani z Azji?/ Pochodzą państwo z Azji?
In welchem Hotel wohnen Sie?	W którym hotelu pan/ pani mieszka?/ W którym hotelu państwo mieszkają?
Wie lange sind Sie schon hier?	Jak długo pan/ pani już tu jest?/ Jak długo państwo już tu są?
Wie lange bleiben Sie?	Jak długo pan/pani tu zostanie?/ Jak długo państwo tu zostaną?
Gefällt es Ihnen hier?	Podoba się panu/ pani tutaj?/ Podoba się państwu tutaj?
Machen Sie hier Urlaub?	Jest pan/ pani tutaj na urlopie? / Są państwo tutaj na urlopie?
Besuchen Sie mich mal!	Proszę mnie odwiedzić!
Hier ist meine Adresse.	Tu jest mój adres.
Sehen wir uns morgen?	Zobaczymy się jutro?
Tut mir Leid, ich habe schon etwas vor.	Przykro mi, mam inne plany.
Tschüs!	Cześć!
Auf Wiedersehen!	Do widzenia!
Bis bald!	Na razie!

In der Schule

W szkole

Wo sind wir?	Gdzie jesteśmy?
Wir sind in der Schule.	Jesteśmy w szkole.
Wir haben Unterricht.	Mamy lekcje.
Das sind die Schüler.	To są uczniowie.
Das ist die Lehrerin.	To jest nauczycielka.
Das ist die Klasse.	To jest klasa.
Was machen wir?	Co robimy?
Wir lernen.	Uczymy się.
Wir lernen eine Sprache.	Uczymy się języka.
Ich lerne Englisch.	(Ja) Uczę się angielskiego.
Du lernst Spanisch.	(Ty) Uczysz się hiszpańskiego.
Er lernt Deutsch.	On uczy się niemieckiego.
Wir lernen Französisch.	(My) Uczymy się francuskiego.
Ihr lernt Italienisch.	Wy uczycie się włoskiego.
Sie lernen Russisch.	Oni/ one uczą się rosyjskiego.
Sprachen lernen ist interessant.	Nauka języków jest interesująca.
Wir wollen Menschen verstehen.	Chcemy rozumieć innych ludzi.
Wir wollen mit Menschen sprechen.	Chcemy rozmawiać z ludźmi.

Länder und Sprachen

Kraje i języki

John ist aus London.	John jest z Londynu.
London liegt in Großbritannien.	Londyn leży w Wielkiej Brytanii.
Er spricht Englisch.	On mówi po angielsku.
Maria ist aus Madrid.	Maria jest z Madrytu.
Madrid liegt in Spanien.	Madryt leży w Hiszpanii.
Sie spricht Spanisch.	Ona mówi po hiszpańsku.
Peter und Martha sind aus Berlin.	Peter i Martha są z Berlina.
Berlin liegt in Deutschland.	Berlin leży w Niemczech.
Sprecht ihr beide Deutsch?	Obaj/ Obie/ Oboje mówicie po niemiecku?
London ist eine Hauptstadt.	Londyn jest stolicą.
Madrid und Berlin sind auch Hauptstädte.	Madryt i Berlin też są stolicami.
Die Hauptstädte sind groß und laut.	Stolice są duże i głośne.
Frankreich liegt in Europa.	Francja leży w Europie.
Ägypten liegt in Afrika.	Egipt leży w Afryce.
Japan liegt in Asien.	Japonia leży w Azji.
Kanada liegt in Nordamerika.	Kanada leży w Ameryce Północnej.
Panama liegt in Mittelamerika.	Panama leży w Ameryce Środkowej.
Brasilien liegt in Südamerika.	Brazylia leży w Ameryce Południowej.

Lesen und schreiben

Czytanie i pisanie

Ich lese.	(Ja) Czytam.
Ich lese einen Buchstaben.	(Ja) Czytam literę.
Ich lese ein Wort.	(Ja) Czytam słowo.
Ich lese einen Satz.	(Ja) Czytam zdanie.
Ich lese einen Brief.	(Ja) Czytam list.
Ich lese ein Buch.	(Ja) Czytam książkę.
Ich lese.	Ja czytam.
Du liest.	Ty czytasz.
Er liest.	On czyta.
Ich schreibe.	(Ja) Piszę.
Ich schreibe einen Buchstaben.	(Ja) Piszę literę.
Ich schreibe ein Wort.	(Ja) Piszę słowo.
Ich schreibe einen Satz.	(Ja) Piszę zdanie.
Ich schreibe einen Brief.	(Ja) Piszę list.
Ich schreibe ein Buch.	(Ja) Piszę książkę.
Ich schreibe.	Ja piszę.
Du schreibst.	Ty piszesz.
Er schreibt.	On pisze.

Zahlen

Liczebniki

Ich zähle:
eins, zwei, drei
Ich zähle bis drei.

Ich zähle weiter:
vier, fünf, sechs,
sieben, acht, neun

Ich zähle.
Du zählst.
Er zählt.

Eins. Der Erste.
Zwei. Der Zweite.
Drei. Der Dritte.

Vier. Der Vierte.
Fünf. Der Fünfte.
Sechs. Der Sechste.

Sieben. Der Siebte.
Acht. Der Achte.
Neun. Der Neunte.

Liczę:
jeden, dwa, trzy
Liczę do trzech.

Liczę dalej:
cztery, pięć, sześć,
siedem, osiem, dziewięć

Ja liczę.
Ty liczysz.
On liczy.

Jeden. Pierwszy.
Dwa. Drugi.
Trzy. Trzeci.

Cztery. Czwarty.
Pięć. Piąty.
Sześć. Szósty.

Siedem. Siódmy.
Osiem. Ósmy.
Dziewięć. Dziewiąty.

Lesen und schreiben

Czytanie i pisanie

Ich lese.	(Ja) Czytam.
Ich lese einen Buchstaben.	(Ja) Czytam literę.
Ich lese ein Wort.	(Ja) Czytam słowo.
Ich lese einen Satz.	(Ja) Czytam zdanie.
Ich lese einen Brief.	(Ja) Czytam list.
Ich lese ein Buch.	(Ja) Czytam książkę.
Ich lese.	Ja czytam.
Du liest.	Ty czytasz.
Er liest.	On czyta.
Ich schreibe.	(Ja) Piszę.
Ich schreibe einen Buchstaben.	(Ja) Piszę literę.
Ich schreibe ein Wort.	(Ja) Piszę słowo.
Ich schreibe einen Satz.	(Ja) Piszę zdanie.
Ich schreibe einen Brief.	(Ja) Piszę list.
Ich schreibe ein Buch.	(Ja) Piszę książkę.
Ich schreibe.	Ja piszę.
Du schreibst.	Ty piszesz.
Er schreibt.	On pisze.

Zahlen

Liczebniki

Ich zähle:
eins, zwei, drei
Ich zähle bis drei.

Ich zähle weiter:
vier, fünf, sechs,
sieben, acht, neun

Ich zähle.
Du zählst.
Er zählt.

Eins. Der Erste.
Zwei. Der Zweite.
Drei. Der Dritte.

Vier. Der Vierte.
Fünf. Der Fünfte.
Sechs. Der Sechste.

Sieben. Der Siebte.
Acht. Der Achte.
Neun. Der Neunte.

Liczę:
jeden, dwa, trzy
Liczę do trzech.

Liczę dalej:
cztery, pięć, sześć,
siedem, osiem, dziewięć

Ja liczę.
Ty liczysz.
On liczy.

Jeden. Pierwszy.
Dwa. Drugi.
Trzy. Trzeci.

Cztery. Czwarty.
Pięć. Piąty.
Sześć. Szósty.

Siedem. Siódmy.
Osiem. Ósmy.
Dziewięć. Dziewiąty.

Uhrzeiten

Czas Czas zegarowy

Entschuldigen Sie! — Przepraszam pana/ panią/ państwa!
Wie viel Uhr ist es, bitte? — Która jest godzina?
Danke vielmals. — Dziękuję bardzo.

Es ist ein Uhr. — Jest pierwsza.
Es ist zwei Uhr. — Jest druga.
Es ist drei Uhr. — Jest trzecia.

Es ist vier Uhr. — Jest czwarta.
Es ist fünf Uhr. — Jest piąta.
Es ist sechs Uhr. — Jest szósta.

Es ist sieben Uhr. — Jest siódma.
Es ist acht Uhr. — Jest ósma.
Es ist neun Uhr. — Jest dziewiąta.

Es ist zehn Uhr. — Jest dziesiąta.
Es ist elf Uhr. — Jest jedenasta.
Es ist zwölf Uhr. — Jest dwunasta.

Eine Minute hat sechzig Sekunden. — Minuta ma sześćdziesiąt sekund.
Eine Stunde hat sechzig Minuten. — Godzina ma sześćdziesiąt minut.
Ein Tag hat vierundzwanzig Stunden. — Doba ma dwadzieścia cztery godziny.

Wochentage

Dni tygodnia

der Montag	Poniedziałek
der Dienstag	Wtorek
der Mittwoch	Środa
der Donnerstag	Czwartek
der Freitag	Piątek
der Samstag	Sobota
der Sonntag	Niedziela
die Woche	Tydzień
von Montag bis Sonntag	od poniedziałku do niedzieli
Der erste Tag ist Montag.	Pierwszy dzień to poniedziałek.
Der zweite Tag ist Dienstag.	Drugi dzień to wtorek.
Der dritte Tag ist Mittwoch.	Trzeci dzień to środa.
Der vierte Tag ist Donnerstag.	Czwarty dzień to czwartek.
Der fünfte Tag ist Freitag.	Piąty dzień to piątek.
Der sechste Tag ist Samstag.	Szósty dzień to sobota.
Der siebte Tag ist Sonntag.	Siódmy dzień to niedziela.
Die Woche hat sieben Tage.	Tydzień ma siedem dni.
Wir arbeiten nur fünf Tage.	My pracujemy tylko pięć dni.

Gestern war Samstag.	Wczoraj była sobota.
Gestern war ich im Kino.	Wczoraj byłem/ byłam w kinie.
Der Film war interessant.	Ten film był interesujący.
Heute ist Sonntag.	Dzisiaj jest niedziela.
Heute arbeite ich nicht.	Dzisiaj nie pracuję.
Ich bleibe zu Hause.	Zostaję w domu.
Morgen ist Montag.	Jutro jest poniedziałek.
Morgen arbeite ich wieder.	Jutro znowu pracuję. Jutro wracam do pracy.
Ich arbeite im Büro.	Pracuję w biurze.
Wer ist das?	Kto to jest?
Das ist Peter.	To jest Peter.
Peter ist Student.	Peter jest studentem.
Wer ist das?	Kto to jest?
Das ist Martha.	To jest Martha.
Martha ist Sekretärin.	Martha jest sekretarką.
Peter und Martha sind Freunde.	Peter i Martha są przyjaciółmi.
Peter ist der Freund von Martha.	Peter jest przyjacielem Marthy. / Peter jest chłopakiem Marthy.
Martha ist die Freundin von Peter.	Martha jest przyjaciółką Petera./ Marta jest dziewczyną Petera.

Monate

Miesiące

der Januar	styczeń
der Februar	luty
der März	marzec
der April	kwiecień
der Mai	maj
der Juni	czerwiec

Das sind sechs Monate.
Januar, Februar, März,
April, Mai und Juni.

To jest sześć miesięcy.
Styczeń, luty, marzec,
kwiecień, maj i czerwiec.

der Juli	lipiec
der August	sierpień
der September	wrzesień
der Oktober	październik
der November	listopad
der Dezember	grudzień

Das sind auch sechs Monate.
Juli, August, September,
Oktober, November und Dezember.

To też (jest) sześć miesięcy.
Lipiec, sierpień, wrzesień,
październik, listopad i grudzień.

Getränke

Napoje

Ich trinke Tee.	Piję herbatę.
Ich trinke Kaffee.	Piję kawę.
Ich trinke Mineralwasser.	Piję wodę mineralną.
Trinkst du Tee mit Zitrone?	Pijesz herbatę z cytryną?
Trinkst du Kaffee mit Zucker?	Pijesz kawę z cukrem?
Trinkst du Wasser mit Eis?	Pijesz wodę z lodem?
Hier ist eine Party.	Tu jest przyjęcie.
Die Leute trinken Sekt.	Ludzie piją szampana.
Die Leute trinken Wein und Bier.	Ludzie piją wino i piwo.
Trinkst du Alkohol?	Pijesz alkohol?
Trinkst du Whisky?	Pijesz whisky?
Trinkst du Cola mit Rum?	Pijesz colę z rumem?
Ich mag keinen Sekt.	Nie lubię szampana./ Nie chcę szampana.
Ich mag keinen Wein.	Nie lubię wina./ Nie chcę wina.
Ich mag kein Bier.	Nie lubię piwa./ Nie chcę piwa.
Das Baby mag Milch.	To dziecko lubi mleko./ To dziecko chce mleko.
Das Kind mag Kakao und Apfelsaft.	To dziecko lubi kakao i sok jabłkowy./ To dziecko chce kakao i sok jabłkowy.
Die Frau mag Orangensaft und Grapefruitsaft.	Ta kobieta lubi/ chce sok pomarańczowy i grejpfrutowy.

15

Was macht Martha?	Co robi Martha?
Sie arbeitet im Büro.	Ona pracuje w biurze.
Sie arbeitet am Computer.	Ona pracuje na komputerze.
Wo ist Martha?	Gdzie jest Martha?
Im Kino.	W kinie.
Sie schaut sich einen Film an.	Ona ogląda film.
Was macht Peter?	Co robi Peter?
Er studiert an der Universität.	On studiuje na uniwersytecie.
Er studiert Sprachen.	On studiuje języki.
Wo ist Peter?	Gdzie jest Peter?
Im Café.	W kawiarni.
Er trinkt Kaffee.	On pije kawę.
Wohin gehen sie gern?	Dokąd lubią chodzić?
Ins Konzert.	Na koncert.
Sie hören gern Musik.	Oni lubią słuchać muzyki.
Wohin gehen sie nicht gern?	Dokąd nie lubią chodzić?
In die Disco.	Na dyskoteki.
Sie tanzen nicht gern.	Oni nie lubią tańczyć.

Farben

Kolory

Der Schnee ist weiß.	Śnieg jest biały.
Die Sonne ist gelb.	Słońce jest żółte.
Die Orange ist orange.	Pomarańcza jest pomarańczowa.
Die Kirsche ist rot.	Czereśnia jest czerwona.
Der Himmel ist blau.	Niebo jest niebieskie.
Das Gras ist grün.	Trawa jest zielona.
Die Erde ist braun.	Ziemia jest brązowa.
Die Wolke ist grau.	Chmura jest szara.
Die Reifen sind schwarz.	Opony są czarne.
Welche Farbe hat der Schnee? Weiß.	Jaki kolor ma śnieg? Biały.
Welche Farbe hat die Sonne? Gelb.	Jaki kolor ma słońce? Żółty.
Welche Farbe hat die Orange? Orange.	Jaki kolor ma pomarańcza? Pomarańczowy.
Welche Farbe hat die Kirsche? Rot.	Jaki kolor ma czereśnia? Czerwony.
Welche Farbe hat der Himmel? Blau.	Jaki kolor ma niebo? Niebieski.
Welche Farbe hat das Gras? Grün.	Jaki kolor ma trawa? Zielony.
Welche Farbe hat die Erde? Braun.	Jaki kolor ma ziemia? Brązowy.
Welche Farbe hat die Wolke? Grau.	Jaki kolor ma chmura? Szary.
Welche Farbe haben die Reifen? Schwarz.	Jaki kolor mają opony? Czarny.

Früchte und Lebensmittel

Owoce i artykuły spożywcze

Ich habe eine Erdbeere.	(Ja) Mam truskawkę.
Ich habe eine Kiwi und eine Melone.	Mam kiwi i melona.
Ich habe eine Orange und eine Grapefruit.	Mam pomarańczę i grejpfruta.
Ich habe einen Apfel und eine Mango.	Mam jabłko i mango.
Ich habe eine Banane und eine Ananas.	Mam banana i ananasa.
Ich mache einen Obstsalat.	(Ja) Robię sałatkę owocową.
Ich esse einen Toast.	(Ja) Jem tosta.
Ich esse einen Toast mit Butter.	Jem tosta z masłem.
Ich esse einen Toast mit Butter und Marmelade.	Jem tosta z masłem i dżemem.
Ich esse ein Sandwich.	Jem kanapkę.
Ich esse ein Sandwich mit Margarine.	Jem kanapkę z margaryną.
Ich esse ein Sandwich mit Margarine und Tomate.	Jem kanapkę z margaryną i pomidorem.
Wir brauchen Brot und Reis.	Potrzebujemy chleb i ryż.
Wir brauchen Fisch und Steaks.	Potrzebujemy rybę i steki.
Wir brauchen Pizza und Spagetti.	Potrzebujemy pizzę i spagetti.
Was brauchen wir noch?	Co jeszcze potrzebujemy?
Wir brauchen Karotten und Tomaten für die Suppe.	Na zupę potrzebne są nam marchewki i pomidory.
Wo ist ein Supermarkt?	Gdzie jest supermarket?

ahreszeiten und Wetter

Pory roku i pogoda

Das sind die Jahreszeiten:	To są pory roku:
Der Frühling, der Sommer,	wiosna, lato,
der Herbst und der Winter.	jesień i zima.
Der Sommer ist heiß.	Lato jest gorące.
Im Sommer scheint die Sonne.	Latem świeci słońce.
Im Sommer gehen wir gern spazieren.	Latem chodzimy chętnie na spacery.
Der Winter ist kalt.	Zimą jest zimno.
Im Winter schneit oder regnet es.	Zimą pada śnieg lub deszcz.
Im Winter bleiben wir gern zu Hause.	Zimą lubimy siedzieć w domu.
Es ist kalt.	Jest zimno.
Es regnet.	Pada deszcz.
Es ist windig.	Wieje wiatr.
Es ist warm.	Jest ciepło.
Es ist sonnig.	Jest słonecznie.
Es ist heiter.	Jest pogodnie.
Wie ist das Wetter heute?	Jaka jest dzisiaj pogoda?
Es ist kalt heute.	Dzisiaj jest zimno.
Es ist warm heute.	Dzisiaj jest ciepło.

Im Haus

W domu

Hier ist unser Haus.	Tu jest nasz dom.
Oben ist das Dach.	Na górze jest dach.
Unten ist der Keller.	Na dole jest piwnica.
Hinter dem Haus ist ein Garten.	Za domem jest ogród.
Vor dem Haus ist keine Straße.	Przed domem nie ma ulicy.
Neben dem Haus sind Bäume.	Obok domu są drzewa.
Hier ist meine Wohnung.	Tu jest moje mieszkanie.
Hier ist die Küche und das Bad.	Tu jest kuchnia, a tu łazienka.
Dort sind das Wohnzimmer und das Schlafzimmer.	Tam jest pokój dzienny i sypialnia.
Die Haustür ist geschlossen.	Drzwi od domu są zamknięte.
Aber die Fenster sind offen.	Ale okna są otwarte.
Es ist heiß heute.	Dzisiaj jest gorąco.
Wir gehen in das Wohnzimmer.	Pójdziemy do pokoju.
Dort sind ein Sofa und ein Sessel.	Tam jest kanapa i fotel.
Setzen Sie sich!	Proszę usiąść!
Dort steht mein Computer.	Tam stoi mój komputer.
Dort steht meine Stereoanlage.	Tam stoi moja wieża stereo.
Der Fernseher ist ganz neu.	Ten telewizor jest zupełnie nowy.

Hausputz

Sprzątanie domu

Heute ist Samstag.	Dzisiaj jest sobota.
Heute haben wir Zeit.	Dzisiaj mamy czas.
Heute putzen wir die Wohnung.	Dzisiaj sprzątamy mieszkanie.
Ich putze das Bad.	(Ja) Sprzątam łazienkę.
Mein Mann wäscht das Auto.	Mój mąż myje samochód.
Die Kinder putzen die Fahrräder.	Dzieci czyszczą rowery.
Oma gießt die Blumen.	Babcia podlewa kwiaty.
Die Kinder räumen das Kinderzimmer auf.	Dzieci sprzątają pokój dziecięcy.
Mein Mann räumt seinen Schreibtisch auf.	Mój mąż robi porządek na swoim biurku.
Ich stecke die Wäsche in die Waschmaschine.	(Ja) Wkładam pranie do pralki.
Ich hänge die Wäsche auf.	(Ja) Wieszam pranie.
Ich bügele die Wäsche.	(Ja) Prasuję pranie.
Die Fenster sind schmutzig.	Okna są brudne.
Der Fußboden ist schmutzig.	Podłoga jest brudna.
Das Geschirr ist schmutzig.	Naczynia są brudne.
Wer putzt die Fenster?	Kto umyje okna?
Wer saugt Staub?	Kto odkurzy?
Wer spült das Geschirr?	Kto pozmywa naczynia?

In der Küche

W kuchni

Hast du eine neue Küche?	Masz nową kuchnię?
Was willst du heute kochen?	Co chcesz dzisiaj ugotować?
Kochst du elektrisch oder mit Gas?	Gotujesz na kuchence elektrycznej czy na gazie?
Soll ich die Zwiebeln schneiden?	Mam pokroić cebulę?
Soll ich die Kartoffeln schälen?	Mam obrać ziemniaki?
Soll ich den Salat waschen?	Mam umyć sałatę?
Wo sind die Gläser?	Gdzie są szklanki?
Wo ist das Geschirr?	Gdzie są naczynia?
Wo ist das Besteck?	Gdzie są sztućce?
Hast du einen Dosenöffner?	Masz otwieracz do puszek?
Hast du einen Flaschenöffner?	Masz otwieracz do butelek?
Hast du einen Korkenzieher?	Masz korkociąg?
Kochst du die Suppe in diesem Topf?	Będziesz gotować zupę w tym garnku?
Brätst du den Fisch in dieser Pfanne?	Będziesz smażyć rybę na tej patelni?
Grillst du das Gemüse auf diesem Grill?	Będziesz opiekać warzywa na tym grillu?
Ich decke den Tisch.	(Ja) Nakrywam do stołu.
Hier sind die Messer, Gabeln und Löffel.	Tu są noże, widelce i łyżki.
Hier sind die Gläser, die Teller und die Servietten.	Tu są szklanki, talerze i serwetki.

Small Talk 1

Mini-rozmówki 1

Machen Sie es sich bequem!	Proszę się rozgościć!
Fühlen Sie sich wie zu Hause!	Proszę czuć się jak w domu!
Was möchten Sie trinken?	Czego się pan/ pani napije?
Lieben Sie Musik?	Lubi pan/ pani muzykę?
Ich mag klassische Musik.	Lubię muzykę klasyczną.
Hier sind meine CDs.	Tu są moje płyty.
Spielen Sie ein Instrument?	Gra pan/pani na jakimś instrumencie?
Hier ist meine Gitarre.	To jest moja gitara.
Singen Sie gern?	Lubi pan/ pani śpiewać?
Haben Sie Kinder?	Ma pan/ pani dzieci?
Haben Sie einen Hund?	Ma pan/ pani psa?
Haben Sie eine Katze?	Ma pan/ pani kota?
Hier sind meine Bücher.	To są moje książki.
Ich lese gerade dieses Buch.	Właśnie czytam tę książkę.
Was lesen Sie gern?	Lubi pan/ pani czytać?
Gehen Sie gern ins Konzert?	Lubi pan/ pani chodzić na koncerty?
Gehen Sie gern ins Theater?	Lubi pan/ pani chodzić do teatru?
Gehen Sie gern in die Oper?	Lubi pan/ pani chodzić do opery?

Woher kommen Sie?	Skąd pan/ pani pochodzi?
Aus Basel.	Z Bazylei.
Basel liegt in der Schweiz.	Bazylea leży w Szwajcarii.
Darf ich Ihnen Herrn Müller vorstellen?	Czy mogę panu/ pani przedstawić pana Müllera?
Er ist Ausländer.	On jest cudzoziemcem.
Er spricht mehrere Sprachen.	On mówi w kilku językach.
Sind Sie zum ersten Mal hier?	Czy jest pan/ pani tutaj pierwszy raz?
Nein, ich war schon letztes Jahr hier.	Nie, byłem/ byłam tu już w ubiegłym roku.
Aber nur eine Woche lang.	Ale tylko tydzień.
Wie gefällt es Ihnen bei uns?	Jak się panu/ pani u nas podoba?
Sehr gut. Die Leute sind nett.	Bardzo. Ludzie są mili.
Und die Landschaft gefällt mir auch.	Podoba mi się też krajobraz.
Was sind Sie von Beruf?	Kim jest pan/ pani z zawodu?
Ich bin Übersetzer.	Jestem tłumaczem.
Ich übersetze Bücher.	Tłumaczę książki.
Sind Sie allein hier?	Jest pan sam/ pani sama tutaj?
Nein, meine Frau / mein Mann ist auch hier.	Nie, moja żona/ mój mąż jest ze mną.
Und dort sind meine beiden Kinder.	A tam jest dwójka moich dzieci.

Small Talk 3

Mini-rozmówki 3

Rauchen Sie?	Pali pan/ pani?
Früher ja.	Kiedyś paliłem/ paliłam.
Aber jetzt rauche ich nicht mehr.	Ale teraz już nie palę.
Stört es Sie, wenn ich rauche?	Przeszkadza panu/ pani, że palę?
Nein, absolut nicht.	Nie, absolutnie nie.
Das stört mich nicht.	Nie przeszkadza mi.
Trinken Sie etwas?	Napije się pan/ pani czegoś ?
Einen Cognac?	Koniaku?
Nein, lieber ein Bier.	Nie, wolę piwo.
Reisen Sie viel?	Dużo pan/ pani podróżuje?
Ja, meistens sind das Geschäftsreisen.	Tak, przeważnie są to podróże służbowe.
Aber jetzt machen wir hier Urlaub.	Ale teraz jesteśmy tu na urlopie.
Was für eine Hitze!	Co za upał!
Ja, heute ist es wirklich heiß.	Tak, dzisiaj jest rzeczywiście gorąco.
Gehen wir auf den Balkon.	Wyjdźmy na balkon.
Morgen gibt es hier eine Party.	Jutro będzie tu przyjęcie.
Kommen Sie auch?	Czy pan/ pani też przyjdzie? / Czy państwo też przyjdą?
Ja, wir sind auch eingeladen.	Tak, jesteśmy też zaproszeni.

Fremdsprachen lernen

Nauka języków obcych

Wo haben Sie Spanisch gelernt?	Gdzie nauczył się pan/ nauczyła się pani hiszpańskiego?
Können Sie auch Portugiesisch?	Zna pan/ pani też portugalski?
Ja, und ich kann auch etwas Italienisch.	Tak, znam też trochę włoski.
Ich finde, Sie sprechen sehr gut.	Uważam, że mówi pan/ pani bardzo dobrze.
Die Sprachen sind ziemlich ähnlich.	Te języki są do siebie dość podobne.
Ich kann sie gut verstehen.	Rozumiem ją/ich dobrze.
Aber sprechen und schreiben ist schwer.	Ale mówienie i pisanie jest trudne.
Ich mache noch viele Fehler.	Robię jeszcze dużo błędów.
Bitte korrigieren Sie mich immer.	Proszę zawsze mnie poprawiać.
Ihre Aussprache ist ganz gut.	Ma pan/ pani całkiem dobrą wymowę.
Sie haben einen kleinen Akzent.	Mówi pan/ pani z lekkim akcentem.
Man erkennt, woher Sie kommen.	Można rozpoznać, skąd pan/ pani pochodzi.
Was ist Ihre Muttersprache?	Jaki jest pana/ pani język ojczysty?
Machen Sie einen Sprachkurs?	Chodzi pan/ pani na kurs językowy?
Welches Lehrwerk benutzen Sie?	Z jakiego podręcznika pan/ pani korzysta?
Ich weiß im Moment nicht, wie das heißt.	Nie pamiętam w tej chwili, jak się on nazywa.
Mir fällt der Titel nicht ein.	Nie pamiętam tytułu.
Ich habe das vergessen.	Zapomniałem.

Verabredung

Umówione spotkanie

Hast du den Bus verpasst?	Spóźniłeś/ Spóźniłaś się na autobus?
Ich habe eine halbe Stunde auf dich gewartet.	Czekałem/ Czekałam na ciebie pół godziny.
Hast du kein Handy bei dir?	Nie masz przy sobie komórki?
Sei das nächste Mal pünktlich!	Następnym razem bądź punktualnie!
Nimm das nächste Mal ein Taxi!	Następnym razem weź taksówkę!
Nimm das nächste Mal einen Regenschirm mit!	Następnym razem weź parasol!
Morgen habe ich frei.	Jutro mam wolne.
Wollen wir uns morgen treffen?	Możemy się jutro spotkać?
Tut mir Leid, morgen geht es bei mir nicht.	Przykro mi, jutro nie mogę.
Hast du dieses Wochenende schon etwas vor?	Masz jakieś plany na weekend?
Oder bist du schon verabredet?	A może jesteś już umówiony/ umówiona?
Ich schlage vor, wir treffen uns am Wochenende.	Proponuję, żebyśmy się spotkali w weekend.
Wollen wir Picknick machen?	Urządzimy piknik?
Wollen wir an den Strand fahren?	Pojedziemy na plażę?
Wollen wir in die Berge fahren?	Pojedziemy w góry?
Ich hole dich vom Büro ab.	Odbiorę cię z biura.
Ich hole dich von zu Hause ab.	Odbiorę cię z domu.
Ich hole dich an der Bushaltestelle ab.	Odbiorę cię z przystanku autobusowego.

27

In der Stadt

W mieście

Ich möchte zum Bahnhof.	Chciałbym/ Chciałabym dostać się na dworzec.
Ich möchte zum Flughafen.	Chciałbym/ Chciałabym dostać się na lotnisko.
Ich möchte ins Stadtzentrum.	Chciałbym/ Chciałabym dostać się do centrum miasta.
Wie komme ich zum Bahnhof?	Jak dotrę do dworca?
Wie komme ich zum Flughafen?	Jak dotrę na lotnisko.
Wie komme ich ins Stadtzentrum?	Jak dotrę do centrum miasta?
Ich brauche ein Taxi.	Potrzebna mi jest taksówka.
Ich brauche einen Stadtplan.	Potrzebny mi jest plan miasta.
Ich brauche ein Hotel.	Potrzebny mi jest hotel.
Ich möchte ein Auto mieten.	Chciałbym/ Chciałabym wypożyczyć samochód.
Hier ist meine Kreditkarte.	Tu jest moja karta kredytowa.
Hier ist mein Führerschein.	Tu jest moje prawo jazdy.
Was gibt es in der Stadt zu sehen?	Co można obejrzeć w tym mieście?
Gehen Sie in die Altstadt.	Proszę pójść na starówkę./ Niech pan/ pani idzie na starówkę.
Machen Sie eine Stadtrundfahrt.	Proszę wybrać się na przejażdżkę po mieście.
Gehen Sie zum Hafen.	Proszę pójść do portu./ Niech pan/ pani idzie do portu.
Machen Sie eine Hafenrundfahrt.	Proszę wybrać się na przejażdżkę po porcie.
Welche Sehenswürdigkeiten gibt es außerdem noch?	Co warto jeszcze zobaczyć?

Siehst du dort den Turm?	Widzisz tam tę wieżę?
Siehst du dort den Berg?	Widzisz tam tę górę?
Siehst du dort das Dorf?	Widzisz tam tę wieś?
Siehst du dort den Fluss?	Widzisz tam tę rzekę?
Siehst du dort die Brücke?	Widzisz tam ten most?
Siehst du dort den See?	Widzisz tam to jezioro?
Der Vogel da gefällt mir.	Podoba mi się ten ptak.
Der Baum da gefällt mir.	Podoba mi się to drzewo.
Der Stein hier gefällt mir.	Podoba mi się ten kamień.
Der Park da gefällt mir.	Podoba mi się ten park.
Der Garten da gefällt mir.	Podoba mi się ten ogród.
Die Blume hier gefällt mir.	Podoba mi się ten kwiat.
Ich finde das hübsch.	Uważam, że to jest ładne.
Ich finde das interessant.	Uważam, że to jest interesujące.
Ich finde das wunderschön.	Uważam, że to jest przepiękne.
Ich finde das hässlich.	Uważam, że to jest brzydkie.
Ich finde das langweilig.	Uważam, że to jest nudne.
Ich finde das furchtbar.	Uważam, że to jest straszne.

Im Hotel – Ankunft

W hotelu – przyjazd

Haben Sie ein Zimmer frei?	Mają państwo wolny pokój?
Ich habe ein Zimmer reserviert.	Zarezerwowałem/ Zarezerwowałam pokój.
Mein Name ist Müller.	Nazywam się Müller.
Ich brauche ein Einzelzimmer.	Potrzebny jest mi pokój jednoosobowy.
Ich brauche ein Doppelzimmer.	Potrzebny mi jest pokój dwuosobowy.
Wie viel kostet das Zimmer pro Nacht?	Ile kosztuje pokój za jedną dobę?
Ich möchte ein Zimmer mit Bad.	Chciałbym/ Chciałabym pokój z łazienką.
Ich möchte ein Zimmer mit Dusche.	Chciałbym/ Chciałabym pokój z prysznicem.
Kann ich das Zimmer sehen?	Czy mogę obejrzeć pokój?
Gibt es hier eine Garage?	Czy jest tutaj garaż?
Gibt es hier einen Safe?	Czy jest tutaj sejf?
Gibt es hier ein Fax?	Czy jest tutaj faks?
Gut, ich nehme das Zimmer.	Dobrze, wezmę ten pokój.
Hier sind die Schlüssel.	Tu są klucze.
Hier ist mein Gepäck.	Tu jest mój bagaż.
Um wie viel Uhr gibt es Frühstück?	O której godzinie jest śniadanie?
Um wie viel Uhr gibt es Mittagessen?	O której godzinie jest obiad?
Um wie viel Uhr gibt es Abendessen?	O której godzinie jest kolacja?

n Hotel – Beschwerden

W hotelu – skargi

Die Dusche funktioniert nicht.	Prysznic nie działa.
Es kommt kein warmes Wasser.	Nie leci ciepła woda.
Können Sie das reparieren lassen?	Czy może pan/pani to naprawić?
Es gibt kein Telefon im Zimmer.	W pokoju nie ma telefonu.
Es gibt keinen Fernseher im Zimmer.	W pokoju nie ma telewizora.
Das Zimmer hat keinen Balkon.	Ten pokój nie ma balkonu.
Das Zimmer ist zu laut.	Ten pokój jest zbyt głośny.
Das Zimmer ist zu klein.	Ten pokój jest za mały.
Das Zimmer ist zu dunkel.	Ten pokój jest za ciemny.
Die Heizung funktioniert nicht.	Ogrzewanie nie działa.
Die Klimaanlage funktioniert nicht.	Klimatyzacja nie działa.
Der Fernseher ist kaputt.	Telewizor jest zepsuty.
Das gefällt mir nicht.	To mi się nie podoba.
Das ist mir zu teuer.	To jest dla mnie za drogie.
Haben Sie etwas Billigeres?	Ma pan/ pani coś tańszego?
Gibt es hier in der Nähe eine Jugendherberge?	Czy tu w pobliżu jest schronisko młodzieżowe?
Gibt es hier in der Nähe eine Pension?	Czy tu w pobliżu jest pensjonat?
Gibt es hier in der Nähe ein Restaurant?	Czy tu w pobliżu jest restauracja?

31

Im Restaurant 1

W restauracji 1

Ist der Tisch frei?	Czy ten stolik jest wolny?
Ich möchte bitte die Speisekarte.	Poproszę kartę dań.
Was können Sie empfehlen?	Co może pan/ pani polecić?
Ich hätte gern ein Bier.	Poproszę piwo.
Ich hätte gern ein Mineralwasser.	Poproszę wodę mineralną.
Ich hätte gern einen Orangensaft.	Poproszę sok pomarańczowy.
Ich hätte gern einen Kaffee.	Poproszę kawę.
Ich hätte gern einen Kaffee mit Milch.	Poproszę kawę z mlekiem.
Mit Zucker, bitte.	Poproszę z cukrem.
Ich möchte einen Tee.	Poproszę herbatę.
Ich möchte einen Tee mit Zitrone.	Poproszę herbatę z cytryną.
Ich möchte einen Tee mit Milch.	Poproszę herbatę z mlekiem.
Haben Sie Zigaretten?	Ma pan/ pani papierosy?
Haben Sie einen Aschenbecher?	Ma pan/ pani popielniczkę?
Haben Sie Feuer?	Ma pan/ pani ogień?
Mir fehlt eine Gabel.	Nie mam widelca. / Brakuje mi widelca.
Mir fehlt ein Messer.	Nie mam noża./ Brakuje mi noża.
Mir fehlt ein Löffel.	Nie mam łyżki./ Brakuje mi łyżki.

Einen Apfelsaft, bitte.	Poproszę sok jabłkowy.
Eine Limonade, bitte.	Poproszę lemoniadę.
Einen Tomatensaft, bitte.	Poproszę sok pomidorowy.
Ich hätte gern ein Glas Rotwein.	Poproszę kieliszek czerwonego wina.
Ich hätte gern ein Glas Weißwein.	Poproszę kieliszek białego wina.
Ich hätte gern eine Flasche Sekt.	Poproszę butelkę szampana.
Magst du Fisch?	Lubisz ryby?
Magst du Rindfleisch?	Lubisz wołowinę?
Magst du Schweinefleisch?	Lubisz wieprzowinę?
Ich möchte etwas ohne Fleisch.	Chciałbym/ Chciałabym coś bez mięsa.
Ich möchte eine Gemüseplatte.	Chciałbym/ Chciałabym bukiet jarzyn.
Ich möchte etwas, was nicht lange dauert.	Chciałbym/ Chciałabym coś, na co nie trzeba długo czekać.
Möchten Sie das mit Reis?	Chciałby pan/ Chciałaby pani do tego ryż?
Möchten Sie das mit Nudeln?	Chciałby pan/ Chciałaby pani do tego makaron?
Möchten Sie das mit Kartoffeln?	Chciałby pan/ Chciałaby pani do tego ziemniaki?
Das schmeckt mir nicht.	To mi nie smakuje.
Das Essen ist kalt.	To jedzenie jest zimne.
Das habe ich nicht bestellt.	Ja tego nie zamawiałem/ zamawiałam.

Im Restaurant 3

W restauracji 3

Ich möchte eine Vorspeise.

Ich möchte einen Salat.

Ich möchte eine Suppe.

Ich möchte einen Nachtisch.

Ich möchte ein Eis mit Sahne.

Ich möchte Obst oder Käse.

Wir möchten frühstücken.

Wir möchten zu Mittag essen.

Wir möchten zu Abend essen.

Was möchten Sie zum Frühstück?

Brötchen mit Marmelade und Honig?

Toast mit Wurst und Käse?

Ein gekochtes Ei?

Ein Spiegelei?

Ein Omelett?

Bitte noch einen Joghurt.

Bitte noch Salz und Pfeffer.

Bitte noch ein Glas Wasser.

Chciałbym/ Chciałabym jakąś przystawkę.

Chciałbym/ Chciałabym jakąś sałatkę.

Chciałbym/ Chciałabym jakąś zupę.

Chciałbym/ Chciałabym jakiś deser.

Chciałbym/ Chciałabym lody z bitą śmietaną.

Chciałbym/ Chciałabym owoce lub ser.

Chcielibyśmy/ Chciałybyśmy zjeść śniadanie.

Chcielibyśmy/ Chciałybyśmy zjeść obiad.

Chcielibyśmy/ Chciałybyśmy zjeść kolację.

Co chciałby pan/ chciałaby pani na śniadanie?

Bułki z dżemem i miodem?

Tosta z kiełbasą i serem?

Gotowane jajko?

Jajko sadzone?

Omlet?

Poproszę jeszcze (jeden) jogurt.

Poproszę jeszcze sól i pieprz.

Poproszę jeszcze szklankę wody.

Einmal Pommes frites mit Ketchup.	Raz frytki z keczupem.
Und zweimal mit Mayonnaise.	I dwa razy z majonezem.
Und dreimal Bratwurst mit Senf.	I trzy razy pieczoną kiełbasę z musztardą.
Was für Gemüse haben Sie?	Jakie mają państwo warzywa?
Haben Sie Bohnen?	Mają państwo fasolkę?
Haben Sie Blumenkohl?	Mają państwo kalafior?
Ich esse gern Mais.	Lubię kukurydzę.
Ich esse gern Gurken.	Lubię ogórki.
Ich esse gern Tomaten.	Lubię pomidory.
Essen Sie auch gern Lauch?	Lubi pan/pani także por?
Essen Sie auch gern Sauerkraut?	Lubi pan/ pani także kiszoną kapustę?
Essen Sie auch gern Linsen?	Lubi pan/ pani też soczewicę?
Isst du auch gern Karotten?	Lubisz też marchewki?
Isst du auch gern Brokkoli?	Lubisz też brokuły?
Isst du auch gern Paprika?	Lubisz też paprykę?
Ich mag keine Zwiebeln.	Nie lubię cebuli.
Ich mag keine Oliven.	Nie lubię oliwek.
Ich mag keine Pilze.	Nie lubię grzybów.

Im Bahnhof

Na dworcu

Wann fährt der nächste Zug nach Berlin?	Kiedy odjeżdża następny pociąg do Berlina?
Wann fährt der nächste Zug nach Paris?	Kiedy odjeżdża następny pociąg do Paryża?
Wann fährt der nächste Zug nach London?	Kiedy odjeżdża następny pociąg do Londynu?
Um wie viel Uhr fährt der Zug nach Warschau?	O której odjeżdża pociąg do Warszawy?
Um wie viel Uhr fährt der Zug nach Stockholm?	O której odjeżdża pociąg do Sztokholmu?
Um wie viel Uhr fährt der Zug nach Budapest?	O której odjeżdża pociąg do Budapesztu?
Ich möchte eine Fahrkarte nach Madrid.	Poproszę bilet do Madrytu.
Ich möchte eine Fahrkarte nach Prag.	Poproszę bilet do Pragi.
Ich möchte eine Fahrkarte nach Bern.	Poproszę bilet do Berna.
Wann kommt der Zug in Wien an?	O której ten pociąg będzie w Wiedniu?
Wann kommt der Zug in Moskau an?	O której ten pociąg będzie w Moskwie?
Wann kommt der Zug in Amsterdam an?	O której ten pociąg będzie w Amsterdamie?
Muss ich umsteigen?	Czy muszę się przesiadać?
Von welchem Gleis fährt der Zug ab?	Z którego toru odjeżdża ten pociąg?
Gibt es Schlafwagen im Zug?	Czy w tym pociągu jest wagon sypialny?
Ich möchte nur die Hinfahrt nach Brüssel.	Poproszę bilet w jedną stronę do Brukseli.
Ich möchte eine Rückfahrkarte nach Kopenhagen.	Poproszę bilet tam i z powrotem do Kopenhagi.
Was kostet ein Platz im Schlafwagen?	Ile kosztuje miejsce w wagonie sypialnym?

Im Zug

W pociągu

Ist das der Zug nach Berlin?	Czy to jest pociąg do Berlina?
Wann fährt der Zug ab?	O której odjeżdża ten pociąg?
Wann kommt der Zug in Berlin an?	O której ten pociąg będzie w Berlinie?
Verzeihung, darf ich vorbei?	Przepraszam, czy mogę przejść?
Ich glaube, das ist mein Platz.	To jest chyba moje miejsce
Ich glaube, Sie sitzen auf meinem Platz.	Sądzę, że pan/ pani siedzi na moim miejscu.
Wo ist der Schlafwagen?	Gdzie jest wagon sypialny?
Der Schlafwagen ist am Ende des Zuges.	Wagon sypialny jest na końcu pociągu.
Und wo ist der Speisewagen? – Am Anfang.	A gdzie jest wagon restauracyjny? – Na początku.
Kann ich unten schlafen?	Czy mogę spać na dole?
Kann ich in der Mitte schlafen?	Czy mogę spać po środku?
Kann ich oben schlafen?	Czy mogę spać na górze?
Wann sind wir an der Grenze?	Kiedy będziemy na granicy?
Wie lange dauert die Fahrt nach Berlin?	Jak długo trwa podróż do Berlina?
Hat der Zug Verspätung?	Czy ten pociąg ma opóźnienie?
Haben Sie etwas zu lesen?	Ma pan/ pani coś do czytania?
Kann man hier etwas zu essen und zu trinken bekommen?	Czy można tu dostać coś do jedzenia i picia?
Würden Sie mich bitte um 7.00 Uhr wecken?	Może mnie pan/ pani obudzić o 7.00?

Ich möchte einen Flug nach Athen buchen.	Chciałbym/ Chciałabym zarezerwować lot do Aten.
Ist das ein Direktflug?	Czy jest to lot bezpośredni?
Bitte einen Fensterplatz, Nichtraucher.	Poproszę miejsce przy oknie, dla niepalących.
Ich möchte meine Reservierung bestätigen.	Chciałbym/ Chciałabym potwierdzić moją rezerwację.
Ich möchte meine Reservierung stornieren.	Chciałbym/ Chciałabym odwołać moją rezerwację.
Ich möchte meine Reservierung umbuchen.	Chciałbym/ Chciałabym zmienić moją rezerwację.
Wann geht die nächste Maschine nach Rom?	Kiedy odlatuje następny samolot do Rzymu?
Sind noch zwei Plätze frei?	Czy są dwa wolne miejsca?
Nein, wir haben nur noch einen Platz frei.	Nie, mamy tylko jedno wolne miejsce.
Wann landen wir?	Kiedy wylądujemy?
Wann sind wir da?	Kiedy tam będziemy?
Wann fährt ein Bus ins Stadtzentrum?	Kiedy jakiś autobus będzie jechać do centrum miasta?
Ist das Ihr Koffer?	Czy to jest pana/ pani walizka?
Ist das Ihre Tasche?	Czy to jest pana/ pani torba?
Ist das Ihr Gepäck?	Czy to jest pana/ pani bagaż?
Wie viel Gepäck kann ich mitnehmen?	Ile bagażu mogę zabrać?
Zwanzig Kilo.	Dwadzieścia kilogramów.
Was, nur zwanzig Kilo?	Co, tylko dwadzieścia kilogramów?

Wo ist die Bushaltestelle?	G Gdzie jest przystanek autobusowy?
Welcher Bus fährt ins Zentrum?	Który autobus jedzie do centrum?
Welche Linie muss ich nehmen?	Którą linią muszę jechać?
Muss ich umsteigen?	Czy muszę się przesiadać?
Wo muss ich umsteigen?	Gdzie muszę się przesiąść?
Was kostet ein Fahrschein?	Ile kosztuje bilet?
Wie viele Haltestellen sind es bis zum Zentrum?	Ile przystanków jest do centrum?
Sie müssen hier aussteigen.	Musi tu pan/ pani wysiąść.
Sie müssen hinten aussteigen.	Musi pan/ pani wysiąść z tyłu.
Die nächste U-Bahn kommt in 5 Minuten.	Następna kolejka metra przyjedzie za pięć minut.
Die nächste Straßenbahn kommt in 10 Minuten.	Następny tramwaj przyjedzie za dziesięć minut.
Der nächste Bus kommt in 15 Minuten.	Następny autobus przyjedzie za piętnaście minut.
Wann fährt die letzte U-Bahn?	O której godzinie odjeżdża ostatnia kolejka metra?
Wann fährt die letzte Straßenbahn?	O której godzinie odjeżdża ostatni tramwaj?
Wann fährt der letzte Bus?	O której godzinie odjeżdża ostatni autobus?
Haben Sie einen Fahrschein?	Ma pan/ pani bilet?
Einen Fahrschein? – Nein, ich habe keinen.	Bilet? – Nie, nie mam.
Dann müssen Sie eine Strafe zahlen.	No to musi pan/pani zapłacić karę.

Unterwegs

W podróży

Er fährt mit dem Motorrad.	On jeździ motocyklem.
Er fährt mit dem Fahrrad.	On jeździ rowerem.
Er geht zu Fuß.	On chodzi pieszo.
Er fährt mit dem Schiff.	On płynie statkiem.
Er fährt mit dem Boot.	On płynie łodzią.
Er schwimmt.	On pływa.
Ist es hier gefährlich?	Czy to jest niebezpieczne?
Ist es gefährlich, allein zu trampen?	Czy podróżowanie w pojedynkę autostopem jest niebezpieczne?
Ist es gefährlich, nachts spazieren zu gehen?	Czy spacerowanie w nocy jest niebezpieczne?
Wir haben uns verfahren.	Zabłądziliśmy.
Wir sind auf dem falschen Weg.	Jesteśmy na niewłaściwej drodze.
Wir müssen umkehren.	Musimy zawrócić.
Wo kann man hier parken?	Gdzie można tutaj zaparkować?
Gibt es hier einen Parkplatz?	Czy jest tutaj parking?
Wie lange kann man hier parken?	Jak długo można tu parkować?
Fahren Sie Ski?	Czy jeździ pan/ pani na nartach?
Fahren Sie mit dem Skilift nach oben?	Jedzie pan/ pani wyciągiem na górę?
Kann man hier Ski leihen?	Czy można tu wypożyczyć narty?

Im Taxi

W taksówce

Rufen Sie bitte ein Taxi.	Proszę wezwać taksówkę.
Was kostet es bis zum Bahnhof?	Ile kosztuje kurs do dworca?
Was kostet es bis zum Flughafen?	Ile kosztuje kurs na lotnisko?
Bitte geradeaus.	Proszę jechać prosto.
Bitte hier nach rechts.	Proszę skręcić tutaj w prawo.
Bitte dort an der Ecke nach links.	Proszę tutaj na rogu skręcić w lewo.
Ich habe es eilig.	Śpieszy mi się.
Ich habe Zeit.	Mam czas.
Fahren Sie bitte langsamer.	Proszę jechać wolniej.
Halten Sie hier bitte.	Proszę się tutaj zatrzymać.
Warten Sie bitte einen Moment.	Proszę chwilę zaczekać.
Ich bin gleich zurück.	Zaraz wracam.
Bitte geben Sie mir eine Quittung.	Proszę o pokwitowanie/ paragon.
Ich habe kein Kleingeld.	Nie mam drobnych.
Es stimmt so, der Rest ist für Sie.	Dziękuję. Reszty nie trzeba.
Fahren Sie mich zu dieser Adresse.	Proszę mnie zawieźć pod ten adres.
Fahren Sie mich zu meinem Hotel.	Proszę mnie zawieźć do mojego hotelu.
Fahren Sie mich zum Strand.	Proszę mnie zawieźć na plażę.

Autopanne

Awaria samochodu

Wo ist die nächste Tankstelle?	Gdzie jest najbliższa stacja benzynowa?
Ich habe einen Platten.	Złapałem/ złapałam gumę.
Können Sie das Rad wechseln?	Może mi pan/ pani zmienić koło?
Ich brauche ein paar Liter Diesel.	Potrzebuję kilka litrów oleju napędowego.
Ich habe kein Benzin mehr.	Zabrakło mi benzyny.
Haben Sie einen Reservekanister?	Ma pan/ pani kanister na benzynę?
Wo kann ich telefonieren?	Skąd mogę zadzwonić?
Ich brauche einen Abschleppdienst.	Potrzebna mi jest pomoc drogowa.
Ich suche eine Werkstatt.	Szukam warsztatu.
Es ist ein Unfall passiert.	Zdarzył się wypadek.
Wo ist das nächste Telefon?	Gdzie jest najbliższy telefon?
Haben Sie ein Handy bei sich?	Ma pan/ pani przy sobie komórkę?
Wir brauchen Hilfe.	Potrzebujemy pomocy.
Rufen Sie einen Arzt!	Proszę wezwać lekarza!/ Niech pan/pani wezwie lekarza!
Rufen Sie die Polizei!	Proszę wezwać policję! Niech pan/pani wezwie policję!
Ihre Papiere, bitte.	Dokumenty, proszę.
Ihren Führerschein, bitte.	Proszę pana/ pani prawo jazdy.
Ihren Kfz-Schein, bitte.	Proszę pana/ pani dowód rejestracyjny.

Nach dem Weg fragen

Pytanie o drogę

Entschuldigen Sie!	Przepraszam pana/ panią!
Können Sie mir helfen?	Czy może mi pan/ pani pomóc?
Wo gibt es hier ein gutes Restaurant?	Gdzie tu jest jakaś dobra restauracja?
Gehen Sie links um die Ecke.	Proszę na rogu skręcić w lewo.
Gehen Sie dann ein Stück geradeaus.	Proszę iść kawałek prosto.
Gehen Sie dann hundert Meter nach rechts.	Potem proszę iść sto metrów w prawo.
Sie können auch den Bus nehmen.	Może pan/ pani pojechać autobusem.
Sie können auch die Straßenbahn nehmen.	Może pan/ pani pojechać tramwajem.
Sie können auch einfach hinter mir herfahren.	Może pan/ pani pojechać po prostu za mną.
Wie komme ich zum Fußballstadion?	Jak dotrę do stadionu piłkarskiego?
Überqueren Sie die Brücke!	Proszę przejść przez most!
Fahren Sie durch den Tunnel!	Proszę przejechać tunelem!
Fahren Sie bis zur dritten Ampel.	Proszę jechać aż do trzecich świateł.
Biegen Sie dann die erste Straße rechts ab.	Potem proszę skręcić w pierwszą ulicę w prawo.
Fahren Sie dann geradeaus über die nächste Kreuzung.	Potem proszę jechać prosto przez następne skrzyżowanie.
Entschuldigung, wie komme ich zum Flughafen?	Przepraszam, jak dostanę się na lotnisko?
Am besten nehmen Sie die U-Bahn.	Proszę najlepiej jechać metrem.
Fahren Sie einfach bis zur Endstation.	Proszę jechać po prostu do ostatniej stacji.

Orientierung

Orientacja w mieście

Wo ist das Fremdenverkehrsamt?	Gdzie jest informacja turystyczna?
Haben Sie einen Stadtplan für mich?	Czy mogę dostać plan miasta?
Kann man hier ein Hotelzimmer reservieren?	Czy można tu zarezerwować hotel?
Wo ist die Altstadt?	Gdzie jest starówka?
Wo ist der Dom?	Gdzie jest katedra?
Wo ist das Museum?	Gdzie jest to muzeum?
Wo gibt es Briefmarken zu kaufen?	Gdzie można kupić znaczki pocztowe?
Wo gibt es Blumen zu kaufen?	Gdzie można kupić kwiaty?
Wo gibt es Fahrkarten zu kaufen?	Gdzie można kupić bilety (na przejazd)?
Wo ist der Hafen?	Gdzie jest port?
Wo ist der Markt?	Gdzie jest rynek?
Wo ist das Schloss?	Gdzie jest zamek?
Wann beginnt die Führung?	Kiedy zaczyna się zwiedzanie z przewodnikiem?
Wann endet die Führung?	Kiedy kończy się zwiedzanie z przewodnikiem?
Wie lange dauert die Führung?	Jak długo trwa zwiedzanie z przewodnikiem?
Ich möchte einen Führer, der Deutsch spricht.	Potrzebuję przewodnika mówiącego po niemiecku.
Ich möchte einen Führer, der Italienisch spricht.	Potrzebuję przewodnika mówiącego po włosku.
Ich möchte einen Führer, der Französisch spricht.	Potrzebuję przewodnika mówiącego po francusku.

Ist der Markt sonntags geöffnet?	Czy targ jest otwarty w niedzielę?
Ist die Messe montags geöffnet?	Czy targi są czynne w poniedziałki?
Ist die Ausstellung dienstags geöffnet?	Czy ta wystawa jest otwarta we wtorki?
Hat der Zoo mittwochs geöffnet?	Czy zoo jest otwarte w środy?
Hat das Museum donnerstags geöffnet?	Czy to muzeum jest otwarte w czwartki?
Hat die Galerie freitags geöffnet?	Czy ta galeria jest otwarta w piątki?
Darf man fotografieren?	Czy można robić zdjęcia?
Muss man Eintritt bezahlen?	Czy za wstęp trzeba płacić?
Wie viel kostet der Eintritt?	Ile kosztuje wstęp?
Gibt es eine Ermäßigung für Gruppen?	Czy są zniżki dla grup?
Gibt es eine Ermäßigung für Kinder?	Czy są zniżki dla dzieci?
Gibt es eine Ermäßigung für Studenten?	Czy są zniżki dla studentów?
Was für ein Gebäude ist das?	Co to jest za budynek?
Wie alt ist das Gebäude?	Ile lat ma ten budynek?
Wer hat das Gebäude gebaut?	Kto zbudował ten budynek?
Ich interessiere mich für Architektur.	Interesuję się architekturą.
Ich interessiere mich für Kunst.	Interesuję się sztuką.
Ich interessiere mich für Malerei.	Interesuję się malarstwem.

Im Zoo

W zoo

Dort ist der Zoo.	Tam jest zoo.
Dort sind die Giraffen.	Tam są żyrafy.
Wo sind die Bären?	Gdzie są niedźwiedzie?
Wo sind die Elefanten?	Gdzie są słonie?
Wo sind die Schlangen?	Gdzie są węże?
Wo sind die Löwen?	Gdzie są lwy?
Ich habe einen Fotoapparat.	Mam aparat fotograficzny.
Ich habe auch eine Filmkamera.	Mam też kamerę wideo.
Wo ist eine Batterie?	Gdzie jest bateria?
Wo sind die Pinguine?	Gdzie są pingwiny?
Wo sind die Kängurus?	Gdzie są kangury?
Wo sind die Nashörner?	Gdzie są nosorożce?
Wo ist eine Toilette?	Gdzie jest toaleta?
Dort ist ein Café.	Tam jest kawiarnia.
Dort ist ein Restaurant.	Tam jest restauracja.
Wo sind die Kamele?	Gdzie są wielbłądy?
Wo sind die Gorillas und die Zebras?	Gdzie są goryle i zebry?
Wo sind die Tiger und die Krokodile?	Gdzie są tygrysy i krokodyle?

Abends ausgehen

Wieczorne wyjście

Gibt es hier eine Diskothek?	Czy tu jest dyskoteka?
Gibt es hier einen Nachtclub?	Czy tu jest klub nocny?
Gibt es hier eine Kneipe?	Czy tu jest jakaś knajpka?
Was gibt es heute Abend im Theater?	Co grają dzisiaj wieczorem w teatrze?
Was gibt es heute Abend im Kino?	Co grają dzisiaj wieczorem w kinie?
Was gibt es heute Abend im Fernsehen?	Co grają dzisiaj wieczorem w telewizji?
Gibt es noch Karten fürs Theater?	Czy są jeszcze bilety do teatru?
Gibt es noch Karten fürs Kino?	Czy są jeszcze bilety do kina?
Gibt es noch Karten für das Fußballspiel?	Czy są jeszcze bilety na mecz piłki nożnej?
Ich möchte ganz hinten sitzen.	Chciałbym/ Chciałabym siedzieć zupełnie z tyłu.
Ich möchte irgendwo in der Mitte sitzen.	Chciałbym/ Chciałabym siedzieć gdzieś po środku.
Ich möchte ganz vorn sitzen.	Chciałbym/ Chciałabym siedzieć na samym przodzie.
Können Sie mir etwas empfehlen?	Czy może mi pan/ pani coś polecić?
Wann beginnt die Vorstellung?	Kiedy zaczyna się seans?
Können Sie mir eine Karte besorgen?	Czy może mi pan/ pani załatwić bilet?
Ist hier in der Nähe ein Golfplatz?	Czy w pobliżu jest pole golfowe?
Ist hier in der Nähe ein Tennisplatz?	Czy w pobliżu jest kort tenisowy?
Ist hier in der Nähe ein Hallenbad?	Czy w pobliżu jest kryty basen?

Im Kino

W kinie

Wir wollen ins Kino.	Chcemy pójść do kina.
Heute läuft ein guter Film.	Dzisiaj grają dobry film.
Der Film ist ganz neu.	To najnowszy film.
Wo ist die Kasse?	Gdzie jest kasa?
Gibt es noch freie Plätze?	Czy są jeszcze wolne miejsca?
Was kosten die Eintrittskarten?	Ile kosztują bilety?
Wann beginnt die Vorstellung?	Kiedy zaczyna się seans?
Wie lange dauert der Film?	Jak długo trwa ten film?
Kann man Karten reservieren?	Czy można zarezerwować bilety?
Ich möchte hinten sitzen.	Chciałbym/ Chciałabym siedzieć z tyłu.
Ich möchte vorn sitzen.	Chciałbym/ Chciałabym siedzieć z przodu.
Ich möchte in der Mitte sitzen.	Chciałbym/ Chciałabym siedzieć po środku.
Der Film war spannend.	Ten film był ciekawy.
Der Film war nicht langweilig.	Ten film nie był nudny.
Aber das Buch zum Film war besser.	Ale książka była lepsza.
Wie war die Musik?	Jaka była muzyka?
Wie waren die Schauspieler?	Jacy byli aktorzy?
Gab es Untertitel in englischer Sprache?	Czy były napisy po angielsku?

In der Diskothek

Na dyskotece

Ist der Platz hier frei?	Czy to miejsce jest wolne?
Darf ich mich zu Ihnen setzen?	Czy mogę się do pana/ pani przysiąść?
Gern.	Dobrze.
Wie finden Sie die Musik?	Jak podoba się panu/ pani ta muzyka?
Ein bisschen zu laut.	Jest trochę za głośna.
Aber die Band spielt ganz gut.	Ale ten zespół gra całkiem dobrze.
Sind Sie öfter hier?	Czy często pan/ pani tu bywa?
Nein, das ist das erste Mal.	Nie, jestem tu pierwszy raz.
Ich war noch nie hier.	Wcześniej tu nigdy nie byłem/ byłam.
Tanzen Sie?	Zatańczy pan/ pani?
Später vielleicht.	Może później.
Ich kann nicht so gut tanzen.	Nie umiem zbyt dobrze tańczyć.
Das ist ganz einfach.	To jest całkiem proste.
Ich zeige es Ihnen.	Pokażę panu/ pani.
Nein, lieber ein anderes Mal.	Nie, może innym razem.
Warten Sie auf jemand?	Czeka pan/ pani na kogoś?
Ja, auf meinen Freund.	Tak na przyjaciela./ Tak, na mojego chłopaka.
Da hinten kommt er ja!	O, właśnie idzie!

Reisevorbereitungen

Przygotowania do podróży

Du musst unseren Koffer packen!	Musisz spakować naszą walizkę!
Du darfst nichts vergessen!	Nie możesz o niczym zapomnieć!
Du brauchst einen großen Koffer!	Potrzebna ci jest duża walizka!
Vergiss nicht den Reisepass!	Nie zapomnij paszportu!
Vergiss nicht das Flugticket!	Nie zapomnij biletu na samolot!
Vergiss nicht die Reiseschecks!	Nie zapomnij czeków podróżnych!
Nimm Sonnencreme mit.	Zabierz ze sobą krem przeciwsłoneczny.
Nimm die Sonnenbrille mit.	Zabierz ze sobą okulary przeciwsłoneczne.
Nimm den Sonnenhut mit.	Zabierz ze sobą kapelusz przeciwsłoneczny.
Willst du eine Straßenkarte mitnehmen?	Chcesz zabrać mapę drogową?
Willst du einen Reiseführer mitnehmen?	Chcesz zabrać przewodnik turystyczny?
Willst du einen Regenschirm mitnehmen?	Chcesz zabrać parasol przeciwdeszczowy?
Denk an die Hosen, die Hemden, die Socken.	Pomyśl o spodniach, koszulach i skarpetach.
Denk an die Krawatten, die Gürtel, die Sakkos.	Pomyśl o krawatach, paskach, marynarkach.
Denk an die Schlafanzüge, die Nachthemden und die T-Shirts.	Pomyśl o piżamach, koszulach nocnych i koszulkach.
Du brauchst Schuhe, Sandalen und Stiefel.	Potrzebne ci będą buty, sandały i kozaki.
Du brauchst Taschentücher, Seife und eine Nagelschere.	Potrzebne ci będą chusteczki, mydło i nożyczki do paznokci.
Du brauchst einen Kamm, eine Zahnbürste und Zahnpasta.	Potrzebne ci będą grzebień, szczoteczka i pasta do zębów.

Ist der Strand sauber?	Czy ta plaża jest czysta?
Kann man dort baden?	Czy można się tam kąpać?
Ist es nicht gefährlich, dort zu baden?	Czy kąpiel jest tam niebezpieczna?
Kann man hier einen Sonnenschirm leihen?	Czy można tutaj wypożyczyć parasol przeciwsłoneczny?
Kann man hier einen Liegestuhl leihen?	Czy można tutaj wypożyczyć leżak?
Kann man hier ein Boot leihen?	Czy można tu wypożyczyć łódź?
Ich würde gern surfen.	Chciałbym/ Chciałabym posurfować.
Ich würde gern tauchen.	Chciałbym/ Chciałabym ponurkować.
Ich würde gern Wasserski fahren.	Chciałbym/ Chciałabym pojeździć na nartach wodnych.
Kann man ein Surfbrett mieten?	Czy można wypożyczyć deskę surfingową?
Kann man eine Taucherausrüstung mieten?	Czy można wypożyczyć sprzęt do nurkowania?
Kann man Wasserskier mieten?	Czy można wypożyczyć narty wodne?
Ich bin erst Anfänger.	Jestem początkujący/ początkująca.
Ich bin mittelgut.	Moje umiejętności są średnie.
Ich kenne mich damit schon aus.	Znam się (już) na tym.
Wo ist der Skilift?	Gdzie tu jest wyciąg narciarski?
Hast du denn Skier dabei?	Czy masz ze sobą narty?
Hast du denn Skischuhe dabei?	Czy masz ze sobą buty narciarskie?

Sport

Sport

Treibst du Sport?	Uprawiasz sport?
Ja, ich muss mich bewegen.	Tak, muszę się ruszać.
Ich gehe in einen Sportverein.	Chodzę do klubu sportowego.
Wir spielen Fußball.	Gramy w piłkę nożną.
Manchmal schwimmen wir.	Czasami pływamy.
Oder wir fahren Rad.	Albo jeździmy na rowerze.
In unserer Stadt gibt es ein Fußballstadion.	W naszym mieście jest stadion piłki nożnej.
Es gibt auch ein Schwimmbad mit Sauna.	Jest też basen z sauną.
Und es gibt einen Golfplatz.	I jest pole golfowe.
Was gibt es im Fernsehen?	Co grają w telewizji?
Gerade gibt es ein Fußballspiel.	Właśnie jest mecz piłki nożnej.
Die deutsche Mannschaft spielt gegen die englische.	Drużyna niemiecka gra przeciw angielskiej.
Wer gewinnt?	Kto wygrywa?
Ich habe keine Ahnung.	Nie mam pojęcia.
Im Moment steht es unentschieden.	Teraz jest remis.
Der Schiedsrichter kommt aus Belgien.	Sędzia pochodzi z Belgii.
Jetzt gibt es einen Elfmeter.	Teraz jest rzut karny.
Tor! Eins zu null!	Gol! Jeden do zera!

Im Schwimmbad

Na basenie

Heute ist es heiß.	Dzisiaj jest gorąco.
Gehen wir ins Schwimmbad?	Pójdziemy na basen?
Hast du Lust, schwimmen zu gehen?	Masz ochotę pójść popływać?
Hast du ein Handtuch?	Masz ręcznik?
Hast du eine Badehose?	Masz kąpielówki?
Hast du einen Badeanzug?	Masz strój kąpielowy?
Kannst du schwimmen?	Umiesz pływać?
Kannst du tauchen?	Umiesz nurkować?
Kannst du ins Wasser springen?	Umiesz skakać do wody?
Wo ist die Dusche?	Gdzie jest prysznic?
Wo ist die Umkleidekabine?	Gdzie jest przebieralnia?
Wo ist die Schwimmbrille?	Gdzie są okulary do pływania?
Ist das Wasser tief?	Czy ta woda jest głęboka?
Ist das Wasser sauber?	Czy ta woda jest czysta?
Ist das Wasser warm?	Czy ta woda jest ciepła?
Ich friere.	Zimno mi.
Das Wasser ist zu kalt.	Woda jest za zimna.
Ich gehe jetzt aus dem Wasser.	Wychodzę już z wody.

Besorgungen machen

Sprawunki

Ich will in die Bibliothek.	Chcę iść do biblioteki.
Ich will in die Buchhandlung.	Chcę iść do księgarni.
Ich will zum Kiosk.	Chcę iść do kiosku.
Ich will ein Buch leihen.	Chcę wypożyczyć książkę.
Ich will ein Buch kaufen.	Chcę kupić książkę.
Ich will eine Zeitung kaufen.	Chcę kupić gazetę.
Ich will in die Bibliothek, um ein Buch zu leihen.	Chcę iść do biblioteki, wypożyczyć książkę.
Ich will in die Buchhandlung, um ein Buch zu kaufen.	Chcę iść do księgarni, kupić książkę.
Ich will zum Kiosk, um eine Zeitung zu kaufen.	Chcę iść do kiosku, kupić gazetę.
Ich will zum Optiker.	Chcę iść do optyka.
Ich will zum Supermarkt.	Chcę iść do supermarketu.
Ich will zum Bäcker.	Chcę iść do piekarni.
Ich will eine Brille kaufen.	Chcę kupić okulary.
Ich will Obst und Gemüse kaufen.	Chcę kupić owoce i warzywa.
Ich will Brötchen und Brot kaufen.	Chcę kupić bułki i chleb.
Ich will zum Optiker, um eine Brille zu kaufen.	Chcę iść do optyka, kupić okulary.
Ich will zum Supermarkt, um Obst und Gemüse zu kaufen.	Chcę iść do supermarketu, kupić owoce i warzywa.
Ich will zum Bäcker, um Brötchen und Brot zu kaufen.	Chcę iść do piekarni, kupić bułki i chleb.

54

Im Kaufhaus

W domu handlowym

Gehen wir in ein Kaufhaus?	Pójdziemy do domu handlowego?
Ich muss Einkäufe machen.	Muszę zrobić zakupy.
Ich will viel einkaufen.	Chcę zrobić duże zakupy.
Wo sind die Büroartikel?	Gdzie są artykuły biurowe?
Ich brauche Briefumschläge und Briefpapier.	Potrzebuję koperty i papier listowy.
Ich brauche Kulis und Filzstifte.	Potrzebuję długopisy i flamastry.
Wo sind die Möbel?	Gdzie są meble?
Ich brauche einen Schrank und eine Kommode.	Potrzebuję szafę i komodę.
Ich brauche einen Schreibtisch und ein Regal.	Potrzebuję biurko i regał.
Wo sind die Spielsachen?	Gdzie są zabawki?
Ich brauche eine Puppe und einen Teddybär.	Potrzebuję lalkę i misia.
Ich brauche einen Fußball und ein Schachspiel.	Potrzębuję piłkę nożną i szachy.
Wo ist das Werkzeug?	Gdzie są narzędzia?
Ich brauche einen Hammer und eine Zange.	Potrzebuję młotek i obcęgi.
Ich brauche einen Bohrer und einen Schraubenzieher.	Potrzebuję wiertarkę i wkrętak.
Wo ist der Schmuck?	Gdzie jest biżuteria?
Ich brauche eine Kette und ein Armband.	Potrzebuję łańcuszek i bransoletkę.
Ich brauche einen Ring und Ohrringe.	Potrzebne mi są pierścionek i kolczyki.

55

Geschäfte

Sklepy

Wir suchen ein Sportgeschäft.	Szukamy sklepu sportowego.
Wir suchen eine Fleischerei.	Szukamy sklepu mięsnego.
Wir suchen eine Apotheke.	Szukamy apteki.
Wir möchten nämlich einen Fußball kaufen.	Chcielibyśmy/ Chciałybyśmy kupić piłkę nożną.
Wir möchten nämlich Salami kaufen.	Chcielibyśmy/ Chciałybyśmy kupić salami.
Wir möchten nämlich Medikamente kaufen.	Chcielibyśmy/ Chciałybyśmy kupić lekarstwa.
Wir suchen ein Sportgeschäft, um einen Fußball zu kaufen.	Szukamy sklepu sportowego, by kupić piłkę nożną.
Wir suchen eine Fleischerei, um Salami zu kaufen.	Szukamy sklepu mięsnego, by kupić salami.
Wir suchen eine Apotheke, um Medikamente zu kaufen.	Szukamy apteki, by kupić lekarstwa.
Ich suche einen Juwelier.	Szukam jubilera.
Ich suche ein Fotogeschäft.	Szukam sklepu fotograficznego.
Ich suche eine Konditorei.	Szukam cukierni.
Ich habe nämlich vor, einen Ring zu kaufen.	Mam zamiar kupić pierścionek.
Ich habe nämlich vor, einen Film zu kaufen.	Mam zamiar kupić film.
Ich habe nämlich vor, eine Torte zu kaufen.	Mam zamiar kupić tort.
Ich suche einen Juwelier, um einen Ring zu kaufen.	Szukam jubilera, by kupić pierścionek.
Ich suche ein Fotogeschäft, um einen Film zu kaufen.	Szukam sklepu fotograficznego, by kupić film.
Ich suche eine Konditorei, um eine Torte zu kaufen.	Szukam cukierni, by kupić tort.

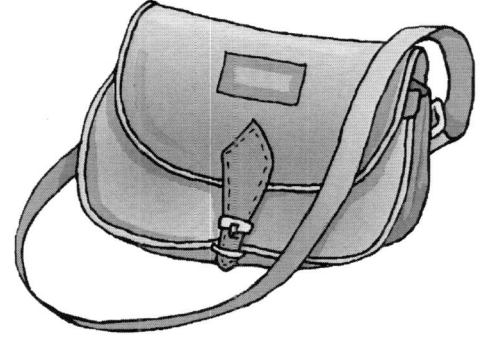

Ich möchte ein Geschenk kaufen.	Chciałbym/ Chciałabym kupić prezent.
Aber nichts allzu Teueres.	Ale nie za drogi.
Vielleicht eine Handtasche?	Może torebkę?
Welche Farbe möchten Sie?	W jakim ma być kolorze?
Schwarz, braun oder weiß?	W czarnym, brązowym czy białym?
Eine große oder eine kleine?	Duża czy mała?
Darf ich diese mal sehen?	Czy mogę obejrzeć tę?
Ist die aus Leder?	Czy ona jest ze skóry?
Oder ist die aus Kunststoff?	Czy może jest z tworzywa sztucznego?
Aus Leder natürlich.	Oczywiście ze skóry.
Das ist eine besonders gute Qualität.	Jest bardzo dobrej jakości.
Und die Handtasche ist wirklich sehr preiswert.	I ta torebka jest naprawdę niedroga.
Die gefällt mir.	Ta mi się podoba.
Die nehme ich.	Wezmę ją.
Kann ich die eventuell umtauschen?	Czy można ją ewentualnie wymienić?
Selbstverständlich.	Oczywiście.
Wir packen sie als Geschenk ein.	Zapakujemy ją na prezent.
Dort drüben ist die Kasse.	Kasa jest naprzeciwko.

Arbeiten

Praca

Was machen Sie beruflich?	Czym się pan/ pani zajmuje zawodowo?
Mein Mann ist Arzt von Beruf.	Mój mąż jest z zawodu lekarzem.
Ich arbeite halbtags als Krankenschwester.	Pracuję na pół etatu jako pielęgniarka.
Bald bekommen wir Rente.	Wkrótce pójdziemy na emeryturę.
Aber die Steuern sind hoch.	Ale podatki są wysokie.
Und die Krankenversicherung ist hoch.	I ubezpieczenie zdrowotne jest wysokie.
Was willst du einmal werden?	Kim chcesz kiedyś zostać?
Ich möchte Ingenieur werden.	Chciałbym zostać inżynierem.
Ich will an der Universität studieren.	Chcę studiować na uniwersytecie.
Ich bin Praktikant.	Jestem praktykantem.
Ich verdiene nicht viel.	Nie zarabiam dużo.
Ich mache ein Praktikum im Ausland.	Robię praktyki za granicą.
Das ist mein Chef.	To jest mój szef.
Ich habe nette Kollegen.	Mam miłych kolegów.
Mittags gehen wir immer in die Kantine.	W południe chodzimy zawsze na stołówkę.
Ich suche eine Stelle.	Szukam pracy.
Ich bin schon ein Jahr arbeitslos.	Już od roku jestem bezrobotny/ bezrobotna.
In diesem Land gibt es zu viele Arbeitslose.	W tym kraju jest za dużo bezrobotnych.

Gefühle

Uczucia

Lust haben	mieć ochotę
Wir haben Lust.	Mamy ochotę.
Wir haben keine Lust.	Nie mamy ochoty.
Angst haben	bać się
Ich habe Angst.	Boję się.
Ich habe keine Angst.	Nie boję się.
Zeit haben	mieć czas
Er hat Zeit.	On ma czas.
Er hat keine Zeit.	On nie ma czasu.
Langeweile haben	nudzić się
Sie hat Langeweile.	Ona nudzi się.
Sie hat keine Langeweile.	Ona nie nudzi się.
Hunger haben	być głodnym
Habt ihr Hunger?	Jesteście głodni?
Habt ihr keinen Hunger?	Nie jesteście głodni?
Durst haben	być spragnionym
Sie haben Durst.	Im chce się pić.
Sie haben keinen Durst.	Im nie chce się pić.

Beim Arzt

U lekarza

Ich habe einen Termin beim Arzt.	Jestem umówiony do lekarza.
Ich habe den Termin um zehn Uhr.	Mam wizytę o (godzinie) dziesiątej.
Wie ist Ihr Name?	Jak się pan/ pani nazywa?
Bitte nehmen Sie im Wartezimmer Platz.	Proszę usiąść w poczekalni.
Der Arzt kommt gleich.	Lekarz zaraz przyjdzie.
Wo sind Sie versichert?	Gdzie jest pan/ pani ubezpieczony/ ubezpieczona?
Was kann ich für Sie tun?	Co mogę dla pana/ pani zrobić?
Haben Sie Schmerzen?	Ma pan/ pani bóle?
Wo tut es weh?	Gdzie boli?
Ich habe immer Rückenschmerzen.	Ciągle bolą mnie plecy.
Ich habe oft Kopfschmerzen.	Często boli mnie głowa.
Ich habe manchmal Bauchschmerzen.	Czasem boli mnie brzuch.
Machen Sie bitte den Oberkörper frei!	Proszę rozebrać się do połowy!
Legen Sie sich bitte auf die Liege!	Proszę położyć się na kozetce!
Der Blutdruck ist in Ordnung.	Ciśnienie krwi jest w porządku.
Ich gebe Ihnen eine Spritze.	Dam panu/ pani zastrzyk.
Ich gebe Ihnen Tabletten.	Dam panu/ pani tabletki.
Ich gebe Ihnen ein Rezept für die Apotheke.	Dam panu/ pani receptę do zrealizowania w aptece.

Körperteile

Części ciała

Ich zeichne einen Mann.	Rysuję mężczyznę.
Zuerst den Kopf.	Najpierw głowę.
Der Mann trägt einen Hut.	Ten mężczyzna nosi kapelusz.
Die Haare sieht man nicht.	Włosy są niewidoczne.
Die Ohren sieht man auch nicht.	Uszy też są niewidoczne.
Den Rücken sieht man auch nicht.	Pleców też nie widać.
Ich zeichne die Augen und den Mund.	Rysuję oczy i usta.
Der Mann tanzt und lacht.	Ten mężczyzna tańczy i śmieje się.
Der Mann hat eine lange Nase.	Ten mężczyzna ma długi nos.
Er trägt einen Stock in den Händen.	W dłoniach trzyma laskę.
Er trägt auch einen Schal um den Hals.	Nosi także szalik wokół szyi.
Es ist Winter und es ist kalt.	Jest zima i jest zimno.
Die Arme sind kräftig.	Ramiona są silne.
Die Beine sind auch kräftig.	Nogi też są silne.
Der Mann ist aus Schnee.	Ten mężczyzna jest ze śniegu.
Er trägt keine Hose und keinen Mantel.	Nie nosi spodni ani płaszcza.
Aber der Mann friert nicht.	Ale nie jest mu zimno.
Er ist ein Schneemann.	On jest bałwanem.

61

Im Postamt

W urzędzie pocztowym

Wo ist das nächste Postamt?	Gdzie jest najbliższy urząd pocztowy?
Ist es weit bis zum nächsten Postamt?	Czy do najbliższego urzędu pocztowego jest daleko?
Wo ist der nächste Briefkasten?	Gdzie jest najbliższa skrzynka na listy?
Ich brauche ein paar Briefmarken.	Potrzebuję kilka znaczków.
Für eine Karte und einen Brief.	Na kartkę i na list.
Wie teuer ist das Porto nach Amerika?	Ile kosztuje przesyłka do Ameryki?
Wie schwer ist das Paket?	Ile waży ta paczka?
Kann ich es per Luftpost schicken?	Czy mogę wysłać to pocztą lotniczą?
Wie lange dauert es, bis es ankommt?	Jak długo będzie to szło?
Wo kann ich telefonieren?	Skąd można zadzwonić?
Wo ist die nächste Telefonzelle?	Gdzie jest najbliższa budka telefoniczna?
Haben Sie Telefonkarten?	Ma pan/ pani karty telefoniczne?
Haben Sie ein Telefonbuch?	Ma pan/ pani książkę telefoniczną?
Kennen Sie die Vorwahl von Österreich?	Czy zna pan/ pani numer kierunkowy do Austrii?
Einen Augenblick, ich schau mal nach.	Chwileczkę, sprawdzę.
Die Leitung ist immer besetzt.	Linia jest ciągle zajęta.
Welche Nummer haben Sie gewählt?	Jak numer pan wybrał/ pani wybrała?
Sie müssen zuerst die Null wählen!	Musi pan/ pani najpierw wybrać zero!

Ich möchte ein Konto eröffnen.	Chciałbym/ Chciałabym otworzyć konto.
Hier ist mein Pass.	Tu jest mój paszport.
Und hier ist meine Adresse.	A oto mój adres.
Ich möchte Geld auf mein Konto einzahlen.	Chciałbym/ Chciałabym wpłacić pieniądze na swcje konto.
Ich möchte Geld von meinem Konto abheben.	Chciałbym/ Chciałabym pobrać pieniądze ze swojego konta.
Ich möchte die Kontoauszüge abholen.	Chciałbym/ Chciałabym odebrać wyciągi z konta.
Ich möchte einen Reisescheck einlösen.	Chciałbym/ Chciałabym zrealizować czek podróżny.
Wie hoch sind die Gebühren?	Jak wysokie są opłaty?
Wo muss ich unterschreiben?	Gdzie muszę podpisać?
Ich erwarte eine Überweisung aus Ceutschland.	Czekam na przekaz z Niemiec.
Hier ist meine Kontonummer.	Tu jest mój numer konta.
Ist das Geld angekommen?	Czy pieniądze doszły?
Ich möchte dieses Geld wechseln.	Chciałbym/ Chciałabym wymienić te pieniądze.
Ich brauche US-Dollar.	Potrzebne mi są dolary amerykańskie.
Bitte geben Sie mir kleine Scheine.	Proszę dać mi drobne banknoty.
Gibt es hier einen Geldautomat?	Czy jest tu bankomat?
Wie viel Geld kann man abheben?	Ile pieniędzy mogę pobrać?
Welche Kreditkarten kann man benutzen?	Z których kart kredytowych mogę korzystać?

Ordinalzahlen

Liczebniki porządkowe

Der erste Monat ist der Januar.	Pierwszy miesiąc to styczeń.
Der zweite Monat ist der Februar.	Drugi miesiąc to luty.
Der dritte Monat ist der März.	Trzeci miesiąc to marzec.
Der vierte Monat ist der April.	Czwarty miesiąc to kwiecień.
Der fünfte Monat ist der Mai.	Piąty miesiąc to maj.
Der sechste Monat ist der Juni.	Szósty miesiąc to czerwiec.
Sechs Monate sind ein halbes Jahr.	Sześć miesięcy to pół roku.
Januar, Februar, März,	Styczeń, luty, marzec,
April, Mai und Juni.	kwiecień maj i czerwiec.
Der siebte Monat ist der Juli.	Siódmy miesiąc to lipiec.
Der achte Monat ist der August.	Ósmy miesiąc to sierpień.
Der neunte Monat ist der September.	Dziewiąty miesiąc to wrzesień.
Der zehnte Monat ist der Oktober.	Dziesiąty miesiąc to październik.
Der elfte Monat ist der November.	Jedenasty miesiąc to listopad.
Der zwölfte Monat ist der Dezember.	Dwunasty miesiąc to grudzień.
Zwölf Monate sind ein Jahr.	Dwanaście miesięcy to rok.
Juli, August, September,	Lipiec, sierpień, wrzesień,
Oktober, November und Dezember.	październik, listopad i grudzień.

lernen

Lernen die Schüler viel?

Nein, s e lernen wenig.

uczyć się

Czy uczniowie dużo się uczą?

Nie, (oni) uczą się mało.

fragen

Fragen S e oft den Lehrer?

Nein, ich frage ihn nicht oft.

Pytać

Czy często pyta pan/pani nauczyciela?

Nie, nie pytam go często.

antworten

Antworten Sie, bitte.

Ich antworte.

Odpowiadać

Proszę odpowiedzieć.

(Ja) Odpowiadam.

arbeiten

Arbeitet er gerade?

Ja, er arbeitet gerade.

Pracować

Czy on teraz pracuje?

Tak, on teraz pracuje.

kommen

Kommen Sie?

Ja, wir kommen gleich.

Przychodzić

Przyjdą Państwo?

Tak, zaraz przyjdziemy.

wohnen

Wohnen Sie in Berlin?

Ja, ich wohne in Berlin.

Mieszkać

Mieszka pan/ pani w Berlinie?

Tak, mieszkam w Berlinie.

Fragen stellen 2

Zadawanie pytań 2

Ich habe ein Hobby.	Mam hobby.
Ich spiele Tennis.	Gram w tenisa.
Wo ist ein Tennisplatz?	Gdzie jest kort tenisowy?
Hast du ein Hobby?	Masz jakieś hobby?
Ich spiele Fußball.	Gram w piłkę nożną.
Wo ist ein Fußballplatz?	Gdzie jest boisko do piłki nożnej?
Mein Arm tut weh.	Boli mnie ramię.
Mein Fuß und meine Hand tun auch weh.	Bolą mnie też stopa i dłoń.
Wo ist ein Doktor?	Gdzie jest lekarz?
Ich habe ein Auto.	Mam samochód.
Ich habe auch ein Motorrad.	Mam też motocykl.
Wo ist ein Parkplatz?	Gdzie jest parking?
Ich habe einen Pullover.	Mam sweter.
Ich habe auch eine Jacke und eine Jeans.	Mam także kurtkę i dżinsy.
Wo ist die Waschmaschine?	Gdzie jest pralka?
Ich habe einen Teller.	Mam talerz.
Ich habe ein Messer, eine Gabel und einen Löffel.	Mam nóż, widelec i łyżkę.
Wo sind Salz und Pfeffer?	Gdzie są sól i pieprz?

Ich verstehe das Wort nicht.	Nie rozumiem tego słowa.
Ich verstehe den Satz nicht.	Nie rozumiem tego zdania.
Ich verstehe die Bedeutung nicht.	Nie rozumiem tego znaczenia.
der Lehrer	Nauczyciel
Verstehen Sie den Lehrer?	Rozumie pan/ pani tego nauczyciela?
Ja, ich verstehe ihn gut.	Tak, dobrze go rozumiem.
die Lehrerin	Nauczycielka
Verstehen Sie die Lehrerin?	Rozumie pan/ pani tę nauczycielkę?
Ja, ich verstehe sie gut.	Tak, dobrze ją rozumiem.
die Leute	Ludzie
Verstehen Sie die Leute?	Rozumie pan/ pani tych ludzi?
Nein, ich verstehe sie nicht so gut.	Nie, nie rozumiem ich tak dobrze.
die Freundin	przyjaciółka / dziewczyna
Haben Sie eine Freundin?	Ma pan dziewczynę?/ Ma pani przyjaciółkę?
Ja, ich habe eine.	Tak, mam.
die Tochter	Córka
Haben Sie eine Tochter?	Ma pan/ pani córkę?
Nein, ich habe keine.	Nie, nie mam.

Ist der Ring teuer?	Czy ten pierścionek jest drogi?
Nein, er kostet nur hundert Euro.	Nie, kosztuje tylko sto euro.
Aber ich habe nur fünfzig.	Ale ja mam tylko pięćdziesiąt.
Bist du schon fertig?	Jesteś już gotowy/ gotowa?
Nein, noch nicht.	Nie, jeszcze nie.
Aber gleich bin ich fertig.	Ale zaraz będę gotowy/ gotowa.
Möchtest du noch Suppe?	Chciałbyś/ Chciałabyś jeszcze zupę?
Nein, ich will keine mehr.	Nie, więcej już nie chcę.
Aber noch ein Eis.	Ale chcę jeszcze loda.
Wohnst du schon lange hier?	Mieszkasz tu już długo?
Nein, erst einen Monat.	Nie, dopiero miesiąc.
Aber ich kenne schon viele Leute.	Ale znam już wielu ludzi.
Fährst du morgen nach Hause?	Jedziesz jutro do domu?
Nein, erst am Wochenende.	Nie, dopiero w weekend.
Aber ich komme schon am Sonntag zurück.	Ale wracam już w niedzielę.
Ist deine Tochter schon erwachsen?	Czy twoja córka jest już dorosła?
Nein, sie ist erst siebzehn.	Nie, ona ma dopiero siedemnaście lat.
Aber sie hat schon einen Freund.	Ale ma już chłopaka.

Possessivpronomen 1

Zaimki dzierżawcze 1

ich – mein	ja – mój
Ich finde meinen Schlüssel nicht.	Nie mogę znaleźć mojego klucza.
Ich finde meine Fahrkarte nicht.	Nie mogę znaleźć mojego biletu.
du – dein	ty – twój
Hast du deinen Schlüssel gefunden?	Znalazłeś/ Znalazłaś swój klucz?
Hast du deine Fahrkarte gefunden?	Znalazłeś/ Znalazłaś swój bilet?
er – sein	on – jego
Weißt du, wo sein Schlüssel ist?	Wiesz, gdzie jest jego klucz?
Weißt du, wo seine Fahrkarte ist?	Wiesz, gdzie jest jego bilet?
sie – ihr	ona – jej
Ihr Geld ist weg.	Zginęły jej pieniądze.
Und ihre Kreditkarte ist auch weg.	I zginęła także jej karta kredytowa.
wir – unser	my – nasz
Unser Opa ist krank.	Nasz dziadek jest chory.
Unsere Oma ist gesund.	Nasza babcia jest zdrowa.
ihr – euer	wy – wasz
Kinder, wo ist euer Vati?	Dzieci, gdzie jest wasz tato?
Kinder, wo ist eure Mutti?	Dzieci, gdzie jest wasza mama?

die Brille	okulary
Er hat seine Brille vergessen.	On zapomniał swoich okularów.
Wo hat er denn seine Brille?	Gdzie on ma swoje okulary?
die Uhr	zegar
Seine Uhr ist kaputt.	Jego zegar jest zepsuty.
Die Uhr hängt an der Wand.	Ten zegar wisi na ścianie.
der Pass	paszport
Er hat seinen Pass verloren.	On stracił swój paszport.
Wo hat er denn seinen Pass?	Gdzie on ma swój paszport?
sie – ihr	oni/ one – ich
Die Kinder können ihre Eltern nicht finden.	Te dzieci nie mogą znaleźć swoich rodziców.
Aber da kommen ja ihre Eltern!	Przecież tam idą już ich rodzice!
Sie – Ihr	pan – pana
Wie war Ihre Reise, Herr Müller?	Jak minęła pana podróż, panie Müller?
Wo ist Ihre Frau, Herr Müller?	Gdzie jest pana żona, panie Müller?
Sie – Ihr	pani – pani
Wie war Ihre Reise, Frau Schmidt?	Jak minęła pani podróż, pani Schmidt?
Wo ist Ihr Mann, Frau Schmidt?	Gdzie jest pani mąż, pani Schmidt?

groß – klein

duży – mały

groß und klein	duży i mały
Der Elefant ist groß.	Słoń jest duży.
Die Maus ist klein.	Mysz jest mała.
dunkel und hell	ciemny – jasny
Die Nacht ist dunkel.	Noc jest ciemna.
Der Tag ist hell.	Dzień jest jasny.
alt und jung	stary i młody
Unser Großvater ist sehr alt.	Nasz dziadek jest bardzo stary.
Vor 70 Jahren war er noch jung.	70 lat temu był jeszcze młody.
schön und hässlich	piękny i brzydki
Der Schmetterling ist schön.	Motyl jest piękny.
Die Spinne ist hässlich.	Pająk jest brzydki.
dick und dünn	gruby – chudy
Eine Frau mit 100 Kilo ist dick.	Kobieta ważąca 100 kilogramów jest gruba.
Ein Mann mit 50 Kilo ist dünn.	Mężczyzna ważący 50 kilogramów jest chudy.
teuer und billig	drogi i tani
Das Auto ist teuer.	Samochód jest drogi.
Die Zeitung ist billig.	Gazeta jest tania.

71

Ich brauche ein Bett.	Potrzebuję łóżka.
Ich will schlafen.	Chcę spać.
Gibt es hier ein Bett?	Czy jest tu jakieś łóżko?
Ich brauche eine Lampe.	Potrzebuję lampy.
Ich will lesen.	Chcę czytać.
Gibt es hier eine Lampe?	Czy jest tu jakaś lampa?
Ich brauche ein Telefon.	Potrzebuję telefonu.
Ich will telefonieren.	Chcę zadzwonić.
Gibt es hier ein Telefon?	Czy jest tu jakiś telefon?
Ich brauche eine Kamera.	Potrzebuję aparatu.
Ich will fotografieren.	Chcę zrobić zdjęcia.
Gibt es hier eine Kamera?	Czy jest tu jakiś aparat?
Ich brauche einen Computer.	Potrzebuję komputera.
Ich will eine E-Mail schicken.	Chcę wysłać maila.
Gibt es hier einen Computer?	Czy jest tu jakiś komputer?
Ich brauche einen Kuli.	Potrzebuję długopisu.
Ich will etwas schreiben.	Chcę coś napisać.
Gibt es hier ein Blatt Papier und einen Kuli?	Czy jest tu jakaś kartka papieru i jakiś długopis?

etwas *mögen*

chcieć

Möchten Sie rauchen?

(Czy) Chciałby pan/ Chciałaby pani zapalić?

Möchten Sie tanzen?

(Czy) Chciałby pan/ Chciałaby pani zatańczyć?

Möchten Sie spazieren gehen?

(Czy) Chciałby pan/ Chciałaby pani pójść na spacer?

Ich möchte rauchen.

Chciałbym/ Chciałabym zapalić.

Möchtest du eine Zigarette?

(Czy) Chciałbyś/ Chciałabyś papierosa?

Er möchte Feuer.

On chciałby ognia.

Ich möchte etwas trinken.

Chciałbym/ Chciałabym się czegoś napić.

Ich möchte etwas essen.

Chciałbym/ Chciałabym coś zjeść.

Ich möchte mich etwas ausruhen.

Chciałbym/ Chciałabym trochę odpocząć.

Ich möchte Sie etwas fragen.

Chciałbym/ Chciałabym pana/ panią o coś zapytać.

Ich möchte Sie um etwas bitten.

Chciałbym/ Chciałabym pana/panią o coś prosić.

Ich möchte Sie zu etwas einladen.

Chciałbym/ Chciałabym pana/ panią na coś zaprosić.

Was möchten Sie bitte?

Czego pan/ pani sobie życzy?

Möchten Sie einen Kaffee?

(Czy) Chciałby pan/ Chciałaby pani kawę?

Oder möchten Sie lieber einen Tee?

A może wolałby pan/ wolałaby pani herbatę?

Wir möchten nach Hause fahren.

Chcielibyśmy/ Chciałybyśmy pojechać do domu.

Möchtet ihr ein Taxi?

(Czy) Chcielibyście/ chciałybyście taksówkę?

Sie möchten telefonieren.

Oni chcieliby/ One chciałyby zadzwonić.

73

etwas *wollen*

chcieć coś

Was wollt ihr?	Co chcecie?
Wollt ihr Fußball spielen?	(Czy) Chcecie grać w piłkę nożną?
Wollt ihr Freunde besuchen?	(Czy) Chcecie odwiedzić przyjaciół?
wollen	chcieć
Ich will nicht spät kommen.	Nie chcę się spóźnić.
Ich will nicht hingehen.	Nie chcę tam iść.
Ich will nach Hause gehen.	Chcę iść do domu.
Ich will zu Hause bleiben.	Chcę zostać w domu.
Ich will allein sein.	Chcę być sam/ sama.
Willst du hier bleiben?	(Czy) Chcesz tutaj zostać?
Willst du hier essen?	(Czy) Chcesz tutaj jeść?
Willst du hier schlafen?	(Czy) Chcesz tutaj spać?
Wollen Sie morgen abfahren?	(Czy) Chce pan/ pani jutro wyjechać?
Wollen Sie bis morgen bleiben?	(Czy) Chce pan/ pani zostać do jutra?
Wollen Sie die Rechnung erst morgen bezahlen?	(Czy) Chce pan/ pani zapłacić ten rachunek dopiero jutro?
Wollt ihr in die Disko?	(Czy) Chcecie iść na dyskotekę?
Wollt ihr ins Kino?	(Czy) Chcecie iść do kina?
Wollt ihr ins Café?	(Czy) Chcecie iść do kawiarni?

müssen	musieć
Ich muss den Brief verschicken.	Muszę wysłać ten list.
Ich muss das Hotel bezahlen.	Muszę zapłacić za hotel.
Du musst früh aufstehen.	Musisz wstać wcześnie.
Du musst viel arbeiten.	Musisz dużo pracować.
Du musst pünktlich sein.	Musisz być punktualnie.
Er muss tanken.	On musi zatankować.
Er muss das Auto reparieren.	On musi naprawić samochód.
Er muss das Auto waschen.	On musi umyć samochód.
Sie muss einkaufen.	Ona musi zrobić zakupy.
Sie muss die Wohnung putzen.	Ona musi posprzątać mieszkanie.
Sie muss die Wäsche waschen.	Ona musi zrobić pranie.
Wir müssen gleich zur Schule gehen.	Musimy zaraz iść do szkoły.
Wir müssen gleich zur Arbeit gehen.	Musimy zaraz iść do pracy.
Wir müssen gleich zum Arzt gehen.	Musimy zaraz iść do lekarza.
Ihr müsst auf den Bus warten.	Musicie poczekać na autobus.
Ihr müsst auf den Zug warten.	Musicie poczekać na pociąg.
Ihr müsst auf das Taxi warten.	Musicie poczekać na taksówkę

etwas *dürfen*

móc coś/ wolno (mieć pozwolenie)

Darfst du schon Auto fahren?	Wolno ci już jeździć samochodem?
Darfst du schon Alkohol trinken?	Wolno ci już pić alkohol?
Darfst du schon allein ins Ausland fahren?	Wolno ci już samemu/ samej jechać za granicę?
dürfen	można, wolno (mieć pozwolenie)
Dürfen wir hier rauchen?	Wolno nam tu palić?
Darf man hier rauchen?	Wolno tu palić?
Darf man mit Kreditkarte bezahlen?	(Czy) Można płacić kartą kredytową?/ Wolno płacić kartą kredytową?
Darf man mit Scheck bezahlen?	(Czy) Można zapłacić czekiem?/ Wolno płacić czekiem?
Darf man nur bar bezahlen?	(Czy) Można płacić tylko gotówką?/ Wolno płacić tylko gotówką?
Darf ich mal eben telefonieren?	(Czy) Mogę zadzwonić?
Darf ich mal eben etwas fragen?	(Czy) Mogę o coś zapytać?
Darf ich mal eben etwas sagen?	(Czy) Mogę coś powiedzieć?
Er darf nicht im Park schlafen.	On nie może spać w parku.
Er darf nicht im Auto schlafen.	On nie może spać w samochodzie.
Er darf nicht im Bahnhof schlafen.	On nie może spać na dworcu.
Dürfen wir Platz nehmen?	(Czy) Możemy usiąść?
Dürfen wir die Speisekarte haben?	(Czy) Możemy dostać kartę dań?
Dürfen wir getrennt zahlen?	(Czy) Możemy zapłacić osobno?

um etwas *bitten*

prosić o coś

Können Sie mir die Haare schneiden?	(Czy) Może mi pan/ pani ściąć włosy?
Nicht zu kurz, bitte.	Proszę nie za krótko.
Etwas kürzer, bitte.	Proszę trochę krócej.
Können Sie die Bilder entwickeln?	(Czy) Może mi pan/ pani wywołać te zdjęcia?
Die Fotos sind auf der CD.	Zdjęcia są na płycie CD.
Die Fotos sind in der Kamera.	Zdjęcia są w aparacie.
Können Sie die Uhr reparieren?	(Czy) Może mi pan/ pani naprawić ten zegarek?
Das Glas ist kaputt.	Szkło jest potłuczone.
Die Batterie ist leer.	Bateria jest pusta.
Können Sie das Hemd bügeln?	(Czy) Może pan/ pani wyprasować tę koszulę?
Können Sie die Hose reinigen?	(Czy) Może pan/ pani wyczyścić te spodnie?
Können Sie die Schuhe reparieren?	(Czy) Może pan/ pani naprawić te buty?
Können Sie mir Feuer geben?	(Czy) Może pan/ pani dać mi ognia?
Haben Sie Streichhölzer oder ein Feuerzeug?	(Czy) Ma pan/ pani zapałki lub zapalniczkę?
Haben Sie einen Aschenbecher?	(Czy) Ma pan/ pani popielniczkę?
Rauchen Sie Zigarren?	(Czy) Pali pan/ pani cygara?
Rauchen Sie Zigaretten?	(Czy) Pali pan/ pani papierosy?
Rauchen Sie Pfeife?	(Czy) Pali pan/ pani fajkę?

etwas *begründen* 1

uzasadnić coś 1

Warum kommen Sie nicht?	Dlaczego pan/ pani nie przyjdzie?
Das Wetter ist so schlecht.	Pogoda jest taka brzydka.
Ich komme nicht, weil das Wetter so schlecht ist.	Nie przyjdę, ponieważ pogoda jest taka brzydka.
Warum kommt er nicht?	Dlaczego on nie przyjdzie?
Er ist nicht eingeladen.	Nie został zaproszony.
Er kommt nicht, weil er nicht eingeladen ist.	On nie przyjdzie, bo nie został zaproszony.
Warum kommst du nicht?	Dlaczego nie przyjdziesz?
Ich habe keine Zeit.	Nie mam czasu.
Ich komme nicht, weil ich keine Zeit habe.	Nie przyjdę, bo nie mam czasu.
Warum bleibst du nicht?	Dlaczego nie zostaniesz?
Ich muss noch arbeiten.	Muszę jeszcze popracować.
Ich bleibe nicht, weil ich noch arbeiten muss.	Nie zostanę, ponieważ muszę jeszcze popracować.
Warum gehen Sie schon?	Dlaczego pan/ pani już idzie?
Ich bin müde.	Jestem zmęczony/ zmęczona.
Ich gehe, weil ich müde bin.	Idę, bo jestem zmęczony/ zmęczona.
Warum fahren Sie schon?	Dlaczego pan/ pani już jedzie?
Es ist schon spät.	Jest już późno.
Ich fahre, weil es schon spät ist.	Jadę, ponieważ jest już późno.

Warum bist du nicht gekommen?	Dlaczego nie przyszedłeś/ przyszłaś?
Ich war krank.	Byłem chory/ Byłam chora.
Ich bin nicht gekommen, weil ich krank war.	Nie przyszedłem, bo byłem chory/ Nie przyszłam, bo byłam chora.
Warum ist sie nicht gekommen?	Dlaczego ona nie przyszła?
Sie war müde.	Ona była zmęczona.
Sie ist nicht gekommen, weil sie müde war.	Ona nie przyszła, ponieważ była zmęczona.
Warum ist er nicht gekommen?	Dlaczego on nie przyszedł?
Er hatte keine Lust.	On nie miał ochoty.
Er ist nicht gekommen, weil er keine Lust hatte.	On nie przyszedł, bo nie miał ochoty.
Warum seid ihr nicht gekommen?	Dlaczego nie przyszliście?
Unser Auto ist kaputt.	Nasz samochód jest popsuty.
Wir sind nicht gekommen, weil unser Auto kaputt ist.	Nie przyszliśmy, bo nasz samochód jest popsuty.
Warum sind die Leute nicht gekommen?	Dlaczego ci ludzie nie przyszli?
Sie haben den Zug verpasst.	Oni spóźnili się na pociąg.
Sie sind nicht gekommen, weil sie den Zug verpasst haben.	Oni nie przyszli, ponieważ spóźnili się na pociąg.
Warum bist du nicht gekommen?	Dlaczego nie przyszedłeś/ przyszłaś?
Ich durfte nicht.	Nie mogłem/ mogłam.
Ich bin nicht gekommen, weil ich nicht durfte.	Nie przyszedłem, bo nie mogłem/ Nie przyszłam, bo nie mogłam.

Warum essen Sie die Torte nicht?	Dlaczego nie je pan/ pani torta?
Ich muss abnehmen.	Muszę schudnąć.
Ich esse sie nicht, weil ich abnehmen muss.	Nie jem, bo muszę schudnąć.
Warum trinken Sie das Bier nicht?	Dlaczego nie pije pan/ pani piwa?
Ich muss noch fahren.	Muszę jeszcze prowadzić.
Ich trinke es nicht, weil ich noch fahren muss.	Nie piję, bo muszę jeszcze prowadzić.
Warum trinkst du den Kaffee nicht?	Dlaczego nie pijesz tej kawy?
Er ist kalt.	Jest zimna.
Ich trinke ihn nicht, weil er kalt ist.	Nie piję jej, bo jest zimna.
Warum trinkst du den Tee nicht?	Dlaczego nie pijesz tej herbaty?
Ich habe keinen Zucker.	Nie mam cukru.
Ich trinke ihn nicht, weil ich keinen Zucker habe.	Nie piję jej, bo nie mam cukru.
Warum essen Sie die Suppe nicht?	Dlaczego nie je pan/ pani tej zupy?
Ich habe sie nicht bestellt.	Nie zamawiałem/ zamawiałam jej.
Ich esse sie nicht, weil ich sie nicht bestellt habe.	Nie jem, bo jej nie zamawiałem/ zamawiałam.
Warum essen Sie das Fleisch nicht?	Dlaczego nie je pan/ pani tego mięsa?
Ich bin Vegetarier.	Jestem wegetarianinem/ wegetarianką.
Ich esse es nicht, weil ich Vegetarier bin.	Nie jem go, bo jestem wegetarianinem/ wegetarianką.

eine alte Frau	stara kobieta
eine dicke Frau	gruba kobieta
eine neugierige Frau	wścibska kobieta
ein neuer Wagen	nowy samochód/ nowe auto
ein schneller Wagen	szybki samochód/ szybkie auto
ein bequemer Wagen	wygodny samochód/ wygodne auto
ein blaues Kleid	niebieska sukienka
ein rotes Kleid	czerwona sukienka
ein grünes Kleid	zielona sukienka
eine schwarze Tasche	czarna torebka
eine braune Tasche	brązowa torebka
eine weiße Tasche	biała torebka
nette Leute	mili ludzie
höfliche Leute	uprzejmi ludzie
interessante Leute	interesujący ludzie
liebe Kinder	kochane dzieci
freche Kinder	niegrzeczne dzieci
brave Kinder	grzeczne dzieci

Adjektive 2

Przymiotniki 2

Ich habe ein blaues Kleid an.

Ich habe ein rotes Kleid an.

Ich habe ein grünes Kleid an.

Ich kaufe eine schwarze Tasche.

Ich kaufe eine braune Tasche.

Ich kaufe eine weiße Tasche.

Ich brauche einen neuen Wagen.

Ich brauche einen schnellen Wagen.

Ich brauche einen bequemen Wagen.

Da oben wohnt eine alte Frau.

Da oben wohnt eine dicke Frau.

Da unten wohnt eine neugierige Frau.

Unsere Gäste waren nette Leute.

Unsere Gäste waren höfliche Leute.

Unsere Gäste waren interessante Leute.

Ich habe liebe Kinder.

Aber die Nachbarn haben freche Kinder.

Sind Ihre Kinder brav?

Mam na sobie niebieską sukienkę.

Mam na sobie czerwoną sukienkę.

Mam na sobie zieloną sukienkę.

Kupię czarną torebkę.

Kupię brązową torebkę.

Kupię białą torebkę.

Potrzebuję nowy samochód./ Potrzebuję nowe auto.

Potrzebuję szybki samochód./ Potrzebuję szybkie auto.

Potrzebuję wygodny samochód./ Potrzebuję wygodne auto.

Tu na górze mieszka stara kobieta.

Tu na górze mieszka gruba kobieta.

Tu na dole mieszka wścibska kobieta.

Nasi goście to byli mili ludzie.

Nasi goście to byli uprzejmi ludzie.

Nasi goście to byli interesujący ludzie.

Mam kochane dzieci.

Ale ci sąsiedzi mają niegrzeczne dzieci.

Czy pana/ pani dzieci są grzeczne?

Adjektive 3

Przymiotniki 3

Sie hat einen Hund.	On ma psa.
Der Hund ist groß.	Ten pies jest duży.
Sie hat einen großen Hund.	On ma dużego psa.
Sie hat ein Haus.	Ona ma dom.
Das Haus ist klein.	Ten dom jest mały.
Sie hat ein kleines Haus.	Ona ma mały dom.
Er wohnt in einem Hotel.	On mieszka w hotelu.
Das Hotel ist billig.	Ten hotel jest tani.
Er wohnt in einem billigen Hotel.	On mieszka w tanim hotelu.
Er hat ein Auto.	On ma samochód./ On ma auto.
Das Auto ist teuer.	Ten samochód jest drogi./ To auto jest drogie.
Er hat ein teures Auto.	On ma drogi samochód./ On ma drogie auto.
Er liest einen Roman.	On czyta powieść.
Der Roman ist langweilig.	Ta powieść jest nudna.
Er liest einen langweiligen Roman.	On czyta nudną powieść.
Sie sieht einen Film.	Ona ogląda film.
Der Film ist spannend.	Ten film jest bardzo interesujący.
Sie sieht einen spannenden Film.	Ona ogląda bardzo interesujący film.

Vergangenheit 1

Przeszłość 1

schreiben	Pisać
Er schrieb einen Brief.	On pisał list.
Und sie schrieb eine Karte.	A ona pisała kartkę.
lesen	Czytać
Er las eine Illustrierte.	On czytał kolorowe czasopismo.
Und sie las ein Buch.	A ona czytała książkę.
nehmen	Wziąć
Er nahm eine Zigarette.	On wziął papierosa.
Sie nahm ein Stück Schokolade.	Ona wzięła kostkę czekolady.

Er war untreu, aber sie war treu.

On był niewierny, ale ona była wierna.

Er war faul, aber sie war fleißig.

On był leniwy, ale ona była pracowita.

Er war arm, aber sie war reich.

On był biedny, ale ona była bogata.

Er hatte kein Geld, sondern Schulden.

On nie miał pieniędzy, lecz długi.

Er hatte kein Glück, sondern Pech.

On nie miał szczęścia, lecz pecha.

Er hatte keinen Erfolg, sondern Misserfolg.

On nie miał sukcesów, lecz niepowodzenia.

Er war nicht zufrieden, sondern unzufrieden.

On nie był zadowolony, lecz niezadowolony.

Er war nicht glücklich, sondern unglücklich.

On nie był szczęśliwy, lecz nieszczęśliwy.

Er war nicht sympathisch, sondern unsympathisch.

On nie był sympatyczny, lecz niesympatyczny.

Vergangenheit 2

Przeszłość 2

Musstest du einen Krankenwagen rufen?	Musiałeś/ Musiałaś wezwać pogotowie?
Musstest du den Arzt rufen?	Musiałeś/ Musiałaś wezwać lekarza?
Musstest du die Polizei rufen?	Musiałeś/ Musiałaś wezwać policję?
Haben Sie die Telefonnummer? Gerade hatte ich sie noch.	Ma pan/ pani ten numer telefonu? Jeszcze przed chwilą go miałem/ miałam.
Haben Sie die Adresse? Gerade hatte ich sie noch.	Ma pan/ pani ten adres? Jeszcze przed chwilą go miałem/ miałam.
Haben Sie den Stadtplan? Gerade hatte ich ihn noch.	Ma pan/ pani ten plan miasta? Jeszcze przed chwilą go miałem/ miałam.
Kam er pünktlich? Er konnte nicht pünktlich kommen.	Czy on przyszedł punktualnie? On nie mógł przyjść punktualnie.
Fand er den Weg? Er konnte den Weg nicht finden.	Czy on znalazł drogę? On nie mógł znaleźć tej drogi.
Verstand er dich? Er konnte mich nicht verstehen.	Czy on cię zrozumiał? On nie mógł mnie zrozumieć.
Warum konntest du nicht pünktlich kommen?	Dlaczego nie mogłeś/ mogłaś przyjść punktualnie?
Warum konntest du den Weg nicht finden?	Dlaczego nie mogłeś/ mogłaś odnaleźć tej drogi?
Warum konntest du ihn nicht verstehen?	Dlaczego nie mogłeś/ mogłaś go zrozumieć?
Ich konnte nicht pünktlich kommen, weil kein Bus fuhr.	Nie mogłem/ mogłam przyjść punktualnie, bo nie jechał żaden autobus.
Ich konnte den Weg nicht finden, weil ich keinen Stadtplan hatte.	Nie mogłem/ mogłam odnaleźć drogi, ponieważ nie miałem/ miałam planu miasta.
Ich konnte ihn nicht verstehen, weil die Musik so laut war.	Nie mogłem/ mogłam go zrozumieć, bo muzyka była tak głośna.
Ich musste ein Taxi nehmen.	Musiałem/ Musiałam wziąć taksówkę.
Ich musste einen Stadtplan kaufen.	Musiałem/ musiałam kupić plan miasta.
Ich musste das Radio ausschalten.	Musiałem/ Musiałam wyłączyć radio.

telefonieren	rozmawiać przez telefon
Ich habe telefoniert.	Rozmawiałem/ Rozmawiałam przez telefon.
Ich habe die ganze Zeit telefoniert.	Przez cały czas rozmawiałem/ rozmawiałam przez telefon.
fragen	pytać
Ich habe gefragt.	Pytałem/ Pytałam.
Ich habe immer gefragt.	Zawsze pytałem/ pytałam.
erzählen	opowiadać
Ich habe erzählt.	Opowiadałem/ opowiadałam.
Ich habe die ganze Geschichte erzählt.	Opowiedziałem/ Opowiedziałam całą historię.
lernen	uczyć się
Ich habe gelernt.	Uczyłem/ Uczyłam się.
Ich habe den ganzen Abend gelernt.	Uczyłem/ Uczyłam się przez cały wieczór.
arbeiten	pracować
Ich habe gearbeitet.	Pracowałem/ Pracowałam.
Ich habe den ganzen Tag gearbeitet.	Pracowałem/ Pracowałam przez cały dzień.
essen	jeść
Ich habe gegessen.	Jadłem/ Jadłam.
Ich habe das ganze Essen gegessen.	Zjadłem/ Zjadłam całe jedzenie.

Vergangenheit 4

Przeszłość 4

lesen	czytać
Ich habe gelesen.	Czytałem/ Czytałam.
Ich habe den ganzen Roman gelesen.	Przeczytałem/ Przeczytałam całą powieść.
verstehen	zrozumieć
Ich habe verstanden.	Zrozumiałem/ Zrozumiałam.
Ich habe den ganzen Text verstanden.	Zrozumiałem/ Zrozumiałam cały tekst.
antworten	odpowiadać
Ich habe geantwortet.	Odpowiedziałem/ Odpowiedziałam.
Ich habe auf alle Fragen geantwortet.	Odpcwiedziałem/ Odpowiedziałam na wszystkie pytania.
Ich weiß das – ich habe das gewusst.	Wiem o tym – wiedziałem/ wiedziałam o tym.
Ich schreibe das – ich habe das geschrieben.	Piszę to – napisałem/ napisałam to.
Ich höre das – ich habe das gehört.	Słucham tego – słuchałem/ słuchałam tego.
Ich hole das – ich habe das geholt.	Przyniosę to – przyniosłem/ przyniosłam to.
Ich bringe das – ich habe das gebracht.	Wezmę to – wziąłem/ wzięłam to.
Ich kaufe das – ich habe das gekauft.	Kupuję to – kupiłem/ kupiłam to.
Ich erwarte das – ich habe das erwartet.	Spodziewam się tego – spodziewałem/ spodziewałam się tego.
Ich erkläre das – ich habe das erklärt.	Wyjaśniam to – wyjaśniłem/ wyjaśniłam to.
Ich kenne das – ich habe das gekannt.	Znam to – znałem/ znałam to.

F agen – Vergangenheit 1

Pytania – przeszłość 1

Wie viel haben Sie getrunken?	Ile pan wypił/ pani wypiła?
Wie viel haben Sie gearbeitet?	Ile pan pracował/ pani pracowała?
Wie viel haben Sie geschrieben?	Ile pan pisał/ pani pisała?
Wie haben Sie geschlafen?	Jak pan spał/ pani spała?
Wie haben Sie die Prüfung bestanden?	Jak pan zdał/ pani zdała ten egzamin?
Wie haben Sie den Weg gefunden?	Jak pan odnalazł/ pani odnalazła drogę?
Mit wem haben Sie gesprochen?	Z kim pan rozmawiał/ pani rozmawiała?
Mit wem haben Sie sich verabredet?	Z kim się pan umówił/ pani umówiła?
Mit wem haben Sie Geburtstag gefeiert?	Z kim świętował pan/ świętowała pani urodziny?
Wo sind Sie gewesen?	Gdzie pan był/ pani była?
Wo haben Sie gewohnt?	Gdzie pan mieszkał/ pani mieszkała?
Wo haben Sie gearbeitet?	Gdzie pan pracował/ pani pracowała?
Was haben Sie empfohlen?	Co pan polecił/ pani poleciła?
Was haben Sie gegessen?	Co pan jadł/ pani jadła?
Was haben Sie erfahren?	O czym się pan dowiedział/ pani dowiedziała?
Wie schnell sind Sie gefahren?	Jak szybko pan jechał/ pani jechała?
Wie lange sind Sie geflogen?	Jak długo pan leciał/ pani leciała?
Wie hoch sind Sie gesprungen?	Jak wysoko pan skoczył/ pani skoczyła?

agen – Vergangenheit 2

Pytania – przeszłość 2

Welche Krawatte hast du getragen?	Który krawat nosiłeś/ nosiłaś?
Welches Auto hast du gekauft?	Które auto kupiłeś/ kupiłaś?
Welche Zeitung hast du abonniert?	Którą gazetę zaprenumerowałeś/ zaprenumerowałaś?
Wen haben Sie gesehen?	Kogo pan widział/ pani widziała?
Wen haben Sie getroffen?	Kogo pan spotkał/ pani spotkała?
Wen haben Sie erkannt?	Kogo pan rozpoznał/ pani rozpoznała?
Wann sind Sie aufgestanden?	Kiedy pan wstał/ pani wstała?
Wann haben Sie begonnen?	Kiedy pan zaczął/ pani zaczęła?
Wann haben Sie aufgehört?	Kiedy pan skończył/ pani skończyła?
Warum sind Sie aufgewacht?	Dlaczego się pan obudził/ pani obudziła?
Warum sind Sie Lehrer geworden?	Dlaczego został pan nauczycielem?
Warum haben Sie ein Taxi genommen?	Dlaczego wziął pan/ wzięła pani taksówkę?
Woher sind Sie gekommen?	Skąd pan przyjechał/ pani przyjechała?
Wohin sind Sie gegangen?	Dokąd pan poszedł/ pani poszła?
Wo sind Sie gewesen?	Gdzie pan był/ pani była?
Wem hast du geholfen?	Komu pomagałeś/ pomagałaś?
Wem hast du geschrieben?	Do kogo pisałeś/ pisałaś?
Wem hast du geantwortet?	Komu odpowiadałeś/odpowiadałaś?

**Vergangenheit der
Modalverben 1**

**Czasowniki modalne w
czasie przeszłym 1**

Wir mussten die Blumen gießen.	Musieliśmy/ Musiałyśmy podlać kwiaty.
Wir mussten die Wohnung aufräumen.	Musieliśmy/ Musiałyśmy posprzątać mieszkanie.
Wir mussten das Geschirr spülen.	Musieliśmy/ Musiałyśmy pozmywać naczynia.
Musstet ihr die Rechnung bezahlen?	Musieliście/ Musiałyście zapłacić ten rachunek?
Musstet ihr Eintritt bezahlen?	Musieliście/ Musiałyście zapłacić za wstęp?
Musstet ihr eine Strafe bezahlen?	Musieliście/ Musiałyście zapłacić karę?
Wer musste sich verabschieden?	Kto musiał się pożegnać?
Wer musste früh nach Hause gehen?	Kto musiał wcześnie wrócić do domu?
Wer musste den Zug nehmen?	Kto musiał jechać pociągiem?
Wir wollten nicht lange bleiben.	Nie chcieliśmy/ chciałyśmy zostać długo.
Wir wollten nichts trinken.	Nie chcieliśmy/ chciałyśmy nic pić.
Wir wollten nicht stören.	Nie chcieliśmy/ chciałyśmy przeszkadzać.
Ich wollte eben telefonieren.	Chciałem/ Chciałam właśnie zadzwonić.
Ich wollte ein Taxi bestellen.	Chciałem/ Chciałam zamówić taksówkę.
Ich wollte nämlich nach Haus fahren.	Chciałem/ Chciałam jechać do domu.
Ich dachte, du wolltest deine Frau anrufen.	Myślałem/ Myślałam, że chciałeś zadzwonić do swojej żony.
Ich dachte, du wolltest die Auskunft anrufen.	Myślałem/ Myślałam, że chciałeś/ chciałaś zadzwonić do informacji.
Ich dachte, du wolltest eine Pizza bestellen.	Myślałem/ Myślałam, że chciałeś/ chciałaś zamówić pizzę.

Vergangenheit der Modalverben 2

Czasowniki modalne w czasie przeszłym 2

Mein Sohn wollte nicht mit der Puppe spielen.	Mój syn nie chciał bawić się lalką.
Meine Tochter wollte nicht Fußball spielen.	Moja córka nie chciała grać w piłkę nożną.
Meine Frau wollte nicht mit mir Schach spielen.	Moja żona nie chciała grać ze mną w szachy.
Meine Kinder wollten keinen Spaziergang machen.	Moje dzieci nie chciały pójść na spacer.
Sie wollten nicht das Zimmer aufräumen.	Oni nie chcieli/ One nie chciały posprzątać pokoju.
Sie wollten nicht ins Bett gehen.	Oni nie chcieli/ One nie chciały iść spać.
Er durfte kein Eis essen.	On nie mógł jeść lodów./ Jemu nie było wolno jeść lodów.
Er durfte keine Schokolade essen.	On nie mógł jeść czekolady./ Jemu nie było wolno jeść czekolady.
Er durfte keine Bonbons essen.	On nie mógł jeść cukierków./ Jemu nie było wolno jeść cukierków.
Ich durfte mir etwas wünschen.	Mogłem/ Mogłam sobie coś zażyczyć.
Ich durfte mir ein Kleid kaufen.	Mogłam/ Wolno mi było kupić sobie sukienkę.
Ich durfte mir eine Praline nehmen.	Mogłam/ mogłem wziąć sobie czekoladkę./ Wolno mi było wziąć sobie czekoladkę.
Durftest du im Flugzeug rauchen?	Mogłeś/ Mogłaś palić w samolocie?/ Wolno ci było palić w samolocie?
Durftest du im Krankenhaus Bier trinken?	Mogłeś/ Mogłaś pić piwo w szpitalu?/ Wolno ci było pić piwo w szpitalu?
Durftest du den Hund ins Hotel mitnehmen?	Mogłeś/ Mogłaś wziąć psa do hotelu?/ Wolno ci było wziąć psa do hotelu?
In den Ferien durften die Kinder lange draußen bleiben.	W czasie wakacji dzieci mogły być długo na dworze.
Sie durften lange im Hof spielen.	One mogły bawić się długo na podwórku
Sie durften lange aufbleiben.	One mogły długo nie kłaść się spać.

Imperativ 1

Tryb rozkazujący 1

Du bist so faul – sei doch nicht so faul!

Jesteś taki leniwy/ taka leniwa – nie bądź taki leniwy/ taka leniwa!

Du schläfst so lang – schlaf doch nicht so lang!

Śpisz tak długo – nie śpij tak długo!

Du kommst so spät – komm doch nicht so spät!

Przychodzisz tak późno – nie przychodź tak późno!

Du lachst so laut – lach doch nicht so laut!

Śmiejesz się tak głośno – nie śmiej się tak głośno!

Du sprichst so leise – sprich doch nicht so leise!

Mówisz tak cicho – nie mów tak cicho!

Du trinkst zu viel – trink doch nicht so viel!

Pijesz za dużo – nie pij tak dużo!

Du rauchst zu viel – rauch doch nicht so viel!

Palisz za dużo – nie pal tak dużo!

Du arbeitest zu viel – arbeite doch nicht so viel!

Pracujesz tak dużo – nie pracuj tak dużo!

Du fährst so schnell – fahr doch nicht so schnell!

Jedziesz tak szybko – nie jedź tak szybko!

Stehen Sie auf, Herr Müller!

Proszę wstać, panie Müller!/ Niech pan wstanie, panie Müller!

Setzen Sie sich, Herr Müller!

Proszę usiąść, panie Müller!/ Niech pan usiądzie, panie Müller!

Bleiben Sie sitzen, Herr Müller!

Proszę siedzieć, panie Müller!/ Niech pan siedzi, panie Müller!

Haben Sie Geduld!

Proszę być cierpliwym/ cierpliwą!/ Niech pan/ pani będzie cierpliwy/ cierpliwa!

Nehmen Sie sich Zeit!

Proszę się nie śpieszyć!/ Niech się pan/ pani nie śpieszy!

Warten Sie einen Moment!

Proszę chwilę zaczekać!

Seien Sie vorsichtig!

Proszę być ostrożnym/ ostrożną!

Seien Sie pünktlich!

Proszę być punktualnym/ punktualną!

Seien Sie nicht dumm!

Proszę nie być głupim/ głupią!

Imperativ 2

Tryb rozkazujący 2

Rasier dich!	Ogol się!
Wasch dich!	Umyj się!
Kämm dich!	Uczesz się!
Ruf an! Rufen Sie an!	Zadzwoń! Proszę zadzwonić!/ Niech pan/ pani zadzwoni!
Fang an! Fangen Sie an!	Zaczynaj! Proszę zaczynać!/ Niech pan/ pani zaczyna
Hör auf! Hören Sie auf!	Przestań! Proszę przestać!/ Niech pan/ pani przestanie!
Lass das! Lassen Sie das!	Zostaw to! Proszę to zostawić!/ Niech pan/pani to zostawi!
Sag das! Sagen Sie das!	Powiedz to! Proszę to powiedzieć!/ Niech pan/ pani to powie!
Kauf das! Kaufen Sie das!	Kup to! Proszę to kupić!/ Niech pan/ pani to kupi!
Sei nie unehrlich!	Nigdy nie bądź nieszczery/ nieszczera!
Sei nie frech!	Nigdy nie bądź niegrzeczny/ niegrzeczna!
Sei nie unhöflich!	Nigdy nie bądź nieuprzejmy/ nieuprzejma!
Sei immer ehrlich!	Bądź zawsze szczery/ szczera!
Sei immer nett!	Bądź zawsze miły/ miła!
Sei immer höflich!	Bądź zawsze uprzejmy/ uprzejma!
Kommen Sie gut nach Haus!	Szczęśliwej drogi do domu!
Passen Sie gut auf sich auf!	Proszę na siebie uważać!/ Niech pan/ pani uważa na siebie!
Besuchen Sie uns bald wieder!	Proszę nas znowu niedługo odwiedzić!/ Niech pan/ pani nas niedługo odwiedzi!

Nebensätze mit *dass* 1

Zdania podrzędne z że

Das Wetter wird vielleicht morgen besser.	Może jutro pogoda będzie lepsza.
Woher wissen Sie das?	Skąd pan/ pani to wie?
Ich hoffe, dass es besser wird.	Mam nadzieję, że będzie lepsza.
Er kommt ganz bestimmt.	On przyjdzie na pewno.
Ist das sicher?	Czy to jest pewne?
Ich weiß, dass er kommt.	Wiem, że on przyjdzie.
Er ruft bestimmt an.	On na pewno zadzwoni.
Wirklich?	Naprawdę?
Ich glaube, dass er anruft.	Sądzę, że on zadzwoni.
Der Wein ist sicher alt.	To wino jest z pewnością stare.
Wissen Sie das genau?	Wie pan/ pani to na pewno?
Ich vermute, dass er alt ist.	Przypuszczam, że ono jest stare.
Unser Chef sieht gut aus.	Nasz szef dobrze wygląda.
Finden Sie?	Tak pan/ pani uważa?
Ich finde, dass er sogar sehr gut aussieht.	Uważam, że on wygląda nawet bardzo dobrze.
Der Chef hat bestimmt eine Freundin.	Szef na pewno ma dziewczynę.
Glauben Sie wirklich?	Tak pan/ pani naprawdę uważa?
Es ist gut möglich, dass er eine Freundin hat.	To całkiem możliwe, że ma dziewczynę.

Nebensätze mit *dass* 2

Zdania podrzędne z że 2

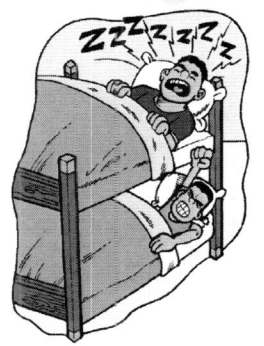

Es ärgert mich, dass du schnarchst.	Denerwuje mnie, że chrapiesz.
Es ärgert mich, dass du so viel Bier trinkst.	Denerwuje mnie, że pijesz tak dużo piwa.
Es ärgert mich, dass du so spät kommst.	Denerwuje mnie, że się spóźniasz.
Ich glaube, dass er einen Arzt braucht.	Uważam, że on potrzebuje lekarza.
Ich glaube, dass er krank ist.	Uważam, że on jest chory.
Ich glaube, dass er jetzt schläft.	Uważam, że on teraz śpi.
Wir hoffen, dass er unsere Tochter heiratet.	Mamy nadzieję, że on ożeni się z naszą córką.
Wir hoffen, dass er viel Geld hat.	Mamy nadzieję, że on ma dużo pieniędzy.
Wir hoffen, dass er Millionär ist.	Mamy nadzieję, że on jest milionerem.
Ich habe gehört, dass deine Frau einen Unfall hatte.	Słyszałem/ Słyszałam, że twoja żona miała wypadek.
Ich habe gehört, dass sie im Krankenhaus liegt.	Słyszałem/ Słyszałam, że (ona) leży w szpitalu.
Ich habe gehört, dass dein Auto total kaputt ist.	Słyszałem/ Słyszałam, że twoje auto jest zupełnie zniszczone.
Es freut mich, dass Sie gekommen sind.	Cieszy mnie, że pan przyszedł/ pani przyszła.
Es freut mich, dass Sie Interesse haben.	Cieszy mnie, że jest pan/ pani zainteresowany/ zainteresowana.
Es freut mich, dass Sie das Haus kaufen wollen.	Cieszy mnie, że chce pan/ pani kupić ten dom.
Ich fürchte, dass der letzte Bus schon weg ist.	Obawiam się, że ostatni autobus już odjechał.
Ich fürchte, dass wir ein Taxi nehmen müssen.	Obawiam się, że musimy wziąć taksówkę.
Ich fürchte, dass ich kein Geld bei mir habe.	Obawiam się, że nie mam przy sobie pieniędzy.

Nebensätze mit *ob*

Zdania podrzędne z cz

Ich weiß nicht, ob er mich liebt.	Nie wiem, czy on mnie kocha.
Ich weiß nicht, ob er zurückkommt.	Nie wiem, czy on wróci.
Ich weiß nicht, ob er mich anruft.	Nie wiem, czy on do mnie zadzwoni.
Ob er mich wohl liebt?	Czy on mnie kocha?
Ob er wohl zurückkommt?	Czy on wróci?
Ob er mich wohl anruft?	Czy on do mnie zadzwoni?
Ich frage mich, ob er an mich denkt.	Zadaję sobie pytanie, czy on o mnie myśli.
Ich frage mich, ob er eine andere hat.	Zadaję sobie pytanie, czy on ma kogoś innego.
Ich frage mich, ob er lügt.	Zadaję sobie pytanie, czy on kłamie.
Ob er wohl an mich denkt?	Czy on w ogóle o mnie myśli?
Ob er wohl eine andere hat?	Czy on w ogóle ma inną?
Ob er wohl die Wahrheit sagt?	Czy on w ogóle mówi prawdę?
Ich zweifele, ob er mich wirklich mag.	Wątpię, czy on mnie naprawdę lubi.
Ich zweifele, ob er mir schreibt.	Wątpię, czy on do mnie napisze.
Ich zweifele, ob er mich heiratet.	Wątpię, czy on się ze mną ożeni.
Ob er mich wohl wirklich mag?	Czy on mnie naprawdę lubi?
Ob er mir wohl schreibt?	Czy on do mnie w ogóle napisze?
Ob er mich wohl heiratet?	Czy on się ze mną ożeni?

Konjunktionen 1

Spójniki 1

Warte, bis der Regen aufhört.
Warte, bis ich fertig bin.
Warte, bis er zurückkommt.

Poczekaj, aż przestanie padać deszcz.
Poczekaj, aż skończę.
Poczekaj, aż on wróci.

Ich warte, bis meine Haare trocken sind.
Ich warte, bis der Film zu Ende ist.
Ich warte, bis die Ampel grün ist.

Czekam, aż wyschną mi włosy.
Czekam, aż film się skończy.
Czekam, aż będzie zielone światło.

Wann fährst du in Urlaub?
Noch vor den Sommerferien?
Ja, noch bevor die Sommerferien beginnen.

Kiedy jedziesz na urlop?
Jeszcze przed wakacjam ?
Tak, jeszcze zanim zaczną się wakacje.

Reparier das Dach, bevor der Winter beginnt.
Wasch deine Hände, bevor du dich an den Tisch setzt.
Schließ das Fenster, bevor du rausgehst.

Napraw ten dach, zanim zacznie się zima.
Umyj ręce, zanim usiądziesz do stołu.
Zamknij okno, zanim wyjdziesz.

Wann kommst du nach Hause?
Nach dem Unterricht?
Ja, nachdem der Unterricht aus ist.

Kiedy przyjdziesz do domu?
Po lekcjach?
Tak, po tym jak skończą lekcje.

Nachdem er einen Unfall hatte, konnte er nicht mehr arbeiten.
Nachdem er die Arbeit verloren hatte, ist er nach Amerika gegangen.
Nachdem er nach Amerika gegangen war, ist er reich geworden.

Po tym jak (on) miał wypadek, nie mógł już pracować.
Po tym jak stracił pracę, wyjechał do Ameryki.
Po tym jak pojechał do Ameryki stał się bogaty.

Konjunktionen 2

Spójniki 2

Seit wann arbeitet sie nicht mehr?
Seit ihrer Heirat?
Ja, sie arbeitet nicht mehr, seitdem sie geheiratet hat.

Seitdem sie geheiratet hat, arbeitet sie nicht mehr.
Seitdem sie sich kennen, sind sie glücklich.
Seitdem sie Kinder haben, gehen sie selten aus.

Wann telefoniert sie?
Während der Fahrt?
Ja, während sie Auto fährt.

Sie telefoniert, während sie Auto fährt.

Sie sieht fern, während sie bügelt.

Sie hört Musik, während sie ihre Aufgaben macht.

Ich sehe nichts, wenn ich keine Brille habe.
Ich verstehe nichts, wenn die Musik so laut ist.
Ich rieche nichts, wenn ich Schnupfen habe.

Wir nehmen ein Taxi, wenn es regnet.
Wir reisen um die Welt, wenn wir im Lotto gewinnen.
Wir fangen mit dem Essen an, wenn er nicht bald kommt.

Od kiedy ona nie pracuje?
Od jej ślubu?
Tak, ona nie pracuje, od kiedy wyszła za mąż.

Od kiedy wyszła za mąż, nie pracuje.

Od kiedy się znają, są szczęśliwi.
Od kiedy mają dzieci, rzadko wychodzą.

Kiedy ona dzwoni?
Podczas jazdy?
Tak, podczas jazdy samochodem.

Ona rozmawia przez telefon podczas jazdy samochodem.
Ona ogląda telewizję podczas prasowania.

Ona słucha muzyki podczas odrabiania zadań.

Nic nie widzę, gdy nie mam okularów.
Nic nie rozumiem, gdy muzyka gra tak głośno.
Nic nie czuję, gdy mam katar.

Weźmiemy taksówkę, gdy będzie padać.
Pojedziemy w podróż dookoła świata, jeśli wygramy w totolotka.

Zaczniemy jeść, jeżeli on zaraz nie przyjdzie.

Konjunktionen 3

Spójniki 3

Ich stehe auf, sobald der Wecker klingelt.

Ich werde müde, sobald ich lernen soll.

Ich höre auf zu arbeiten, sobald ich 60 bin.

Wstanę, jak tylko zadzwoni budzik.

Zaczynam być śpiący/ śpiąca, jak tylko mam się uczyć.

Przestanę pracować, jak tylko skończę 60 lat.

Wann rufen Sie an?

Sobald ich einen Moment Zeit habe.

Er ruft an, sobald er etwas Zeit hat.

Kiedy pan/ pani zadzwoni?

Jak tylko będę mieć chwilę czasu.

On zadzwoni, jak tylko będzie miał trochę czasu.

Wie lange werden Sie arbeiten?

Ich werde arbeiten, solange ich kann.

Ich werde arbeiten, solange ich gesund bin.

Jak długo będzie pan/ pani pracować?

Będę pracować tak długo, jak tylko będę mógł/ mogła.

Będę pracować tak długo, jak tylko będę zdrowy/ zdrowa.

Er liegt im Bett, anstatt dass er arbeitet.

Sie liest die Zeitung, anstatt dass sie kocht.

Er sitzt in der Kneipe, anstatt dass er nach Hause geht.

On leży w łóżku zamiast pracować.

Ona czyta gazetę zamiast gotować

On siedzi w knajpie, zamiast iść do domu.

Soweit ich weiß, wohnt er hier.

Soweit ich weiß, ist seine Frau krank.

Soweit ich weiß, ist er arbeitslos.

O ile mi wiadomo, on tutaj mieszka

O ile mi wiadomo, jego żona jest chora.

O ile mi wiadomo, on jest bezrobotny.

Ich hatte verschlafen, sonst wäre ich pünktlich gewesen.

Ich hatte den Bus verpasst, sonst wäre ich pünktlich gewesen.

Ich hatte den Weg nicht gefunden, sonst wäre ich pünktlich gewesen.

Zaspałem/ Zaspałam, w przeciwnym razie byłbym/ byłabym punktualnie.

Spóźniłem/ Spóźniłam się na autobus, w przeciwnym razie byłbym/ byłabym punktualnie

Nie mogłem/ mogłam znaleźć drogi, w przeciwnym razie byłbym/ byłabym punktualnie.

Konjunktionen 4

Spójniki 4

Er ist eingeschlafen, obwohl der Fernseher an war.

On zasnął, chociaż grał telewizor.

Er ist noch geblieben, obwohl es schon spät war.

On jeszcze został, chociaż było już późno.

Er ist nicht gekommen, obwohl wir uns verabredet hatten.

On nie przyszedł, chociaż byliśmy umówieni.

Der Fernseher war an. Trotzdem ist er eingeschlafen.

Telewizor był włączony. Pomimo to on zasnął.

Es war schon spät. Trotzdem ist er noch geblieben.

Było już późno. Pomimo to on jeszcze został.

Wir hatten uns verabredet. Trotzdem ist er nicht gekommen.

Byliśmy umówieni. Pomimo to on nie przyszedł.

Obwohl er keinen Führerschein hat, fährt er Auto.

Chociaż (on) nie ma prawa jazdy, jeździ samochodem.

Obwohl die Straße glatt ist, fährt er schnell.

Chociaż ulica jest śliska, on jedzie szybko.

Obwohl er betrunken ist, fährt er mit dem Rad.

Chociaż on jest pijany, jedzie na rowerze.

Er hat keinen Führerschein. Trotzdem fährt er Auto.

On nie ma prawa jazdy. Pomimo to jeździ samochodem.

Die Straße ist glatt. Trotzdem fährt er so schnell.

Ulica jest śliska. Pomimo to on jedzie tak szybko.

Er ist betrunken. Trotzdem fährt er mit dem Rad.

On jest pijany. Pomimo to jedzie na rowerze.

Sie findet keine Stelle, obwohl sie studiert hat.

Ona, nie może znaleźć pracy, chociaż skończyła studia.

Sie geht nicht zum Arzt, obwohl sie Schmerzen hat.

Ona nie idzie do lekarza, chociaż ma bóle.

Sie kauft ein Auto, obwohl sie kein Geld hat.

Ona kupuje samochód, chociaż nie ma pieniędzy.

Sie hat studiert. Trotzdem findet sie keine Stelle.

Ona skończyła studia. Pomimo to nie może znaleźć pracy.

Sie hat Schmerzen. Trotzdem geht sie nicht zum Arzt.

Ona ma bóle. Pomimo to nie idzie do lekarza.

Sie hat kein Geld. Trotzdem kauft sie ein Auto.

Ona nie ma pieniędzy. Pomimo to kupuje samochód.

oppelte Konjunktionen

Spójniki dwuczęściowe

Die Reise war zwar schön, aber zu anstrengend.	Ta podróż była wprawdzie piękna, ale zbyt wyczerpująca.
Der Zug war zwar pünktlich, aber zu voll.	Ten pociąg był wprawdzie punktualny, ale przepełniony.
Das Hotel war zwar gemütlich, aber zu teuer.	Ten hotel był wprawdzie przytulny, ale za drogi.
Er nimmt entweder den Bus oder den Zug.	On pojedzie albo autobusem, albo pociągiem.
Er kommt entweder heute Abend oder morgen früh.	On przyjedzie albo dziś wieczorem, albo jutro rano.
Er wohnt entweder bei uns oder im Hotel.	On będzie mieszkać albo u nas, albo w hotelu.
Sie spricht sowohl Spanisch als auch Englisch.	Ona mówi zarówno po hiszpańsku, jak i po angielsku.
Sie hat sowohl in Madrid als auch in London gelebt.	Ona mieszkała zarówno w Madrycie, jak i w Londynie.
Sie kennt sowohl Spanien als auch England.	Ona zna zarówno Hiszpanię, jak i Anglię.
Er ist nicht nur dumm, sondern auch faul.	On jest nie tylko głupi, lecz także leniwy.
Sie ist nicht nur hübsch, sondern auch intelligent.	Ona jest nie tylko ładna, lecz także inteligentna.
Sie spricht nicht nur Deutsch, sondern auch Französisch.	Ona mówi nie tylko po niemiecku, lecz także po francusku.
Ich kann weder Klavier noch Gitarre spielen.	Nie umiem grać ani na fortepianie, ani na gitarze.
Ich kann weder Walzer noch Samba tanzen.	Nie potrafię tańczyć ani walca, ani samby.
Ich mag weder Oper noch Ballett.	Nie lubię ani opery, ani baletu.
Je schneller du arbeitest, desto früher bist du fertig.	Im szybciej będziesz pracować, tym wcześniej skończysz.
Je früher du kommst, desto früher kannst du gehen.	Im wcześniej przyjdziesz, tym wcześniej będzie mógł wyjść.
Je älter man wird, desto bequemer wird man.	Im się jest starszym, tym staje się wygodniejszym.

Genitiv

Dopełniacz

die Katze meiner Freundin	kot mojej przyjaciółki
der Hund meines Freundes	pies mojego przyjaciela
die Spielsachen meiner Kinder	zabawki moich dzieci
Das ist der Mantel meines Kollegen.	To jest płaszcz mojego kolegi.
Das ist das Auto meiner Kollegin.	To jest samochód mojej koleżanki.
Das ist die Arbeit meiner Kollegen.	To jest praca moich kolegów.
Der Knopf von dem Hemd ist ab.	Urwał się guzik od koszuli.
Der Schlüssel von der Garage ist weg.	Zginął klucz od garażu.
Der Computer vom Chef ist kaputt.	Komputer szefa jest zepsuty.
Wer sind die Eltern des Mädchens?	Kim są rodzice tej dziewczynki?
Wie komme ich zum Haus ihrer Eltern?	Jak trafę do domu jej rodziców?
Das Haus steht am Ende der Straße.	Ten dom stoi na końcu ulicy.
Wie heißt die Hauptstadt von der Schweiz?	Jak nazywa się stolica Szwajcarii?
Wie heißt der Titel von dem Buch?	Jaki jest tytuł tej książki?
Wie heißen die Kinder von den Nachbarn?	Jak nazywają się dzieci sąsiadów?
Wann sind die Schulferien von den Kindern?	Kiedy dzieci mają ferie/ wakacje?
Wann sind die Sprechzeiten von dem Arzt?	Kiedy są godziny przyjęć tego lekarza?
Wann sind die Öffnungszeiten von dem Museum?	Kiedy są godziny otwarcia tego muzeum?

schon einmal – noch nie	już raz – jeszcze nigdy
Sind Sie schon einmal in Berlin gewesen?	Był pan/ Była pani już raz w Berlinie?
Nein, noch nie.	Nie, jeszcze nigdy.
jemand – niemand	ktoś – nikt
Kennen Sie hier jemand(en)?	Zna pan/pani tu kogoś?
Nein, ich kenne hier niemand(en).	Nie, nie znam tu nikogo.
noch – nicht mehr	jeszcze – już nie
Bleiben Sie noch lange hier?	Zostanie pan/ pani tu jeszcze długo?
Nein, ich bleibe nicht mehr lange hier.	Nie, nie zostanę tu długo.
noch etwas – nichts mehr	jeszcze coś – nic więcej
Möchten Sie noch etwas trinken?	Chciałby pan/ Chciałaby pani się jeszcze czegoś napić?
Nein, ich möchte nichts mehr.	Nie, już nic więcej nie chcę.
schon etwas – noch nichts	już coś – jeszcze nic
Haben Sie schon etwas gegessen?	Czy już pan coś zjadł/ pani już zjadła?
Nein, ich habe noch nichts gegessen.	Nie, nie zjadłem/ zjadłem jeszcze niczego.
noch jemand – niemand mehr	jeszcze ktoś – nikt więcej
Möchte noch jemand einen Kaffee?	Chciałby ktoś jeszcze kawę?
Nein, niemand mehr.	Nie, już nikt.